ROBERT CORNILLEAU

PAR LA TROUÉE DU NORD

La Ruée sur Paris

(Août-Septembre 1914)

DINANT — CHARLEROI — BAPAUME — ARRAS
LILLE — PÉRONNE — AMIENS — SAINT-QUENTIN
GUISE — LA LYS — ARMENTIÈRES, etc.

PARIS
SOCIÉTÉ D'ÉDITIONS ET DE PUBLICATIONS
LIBRAIRIE JULES TALLANDIER
75, rue Dareau (14e)

La Ruée sur Paris

ROBERT CORNILLEAU

PAR LA TROUÉE DU NORD

La Ruée sur Paris

(Août-Septembre 1914)

DINANT — CHARLEROI — BAPAUME — ARRAS
LILLE — PÉRONNE — AMIENS — SAINT-QUENTIN
GUISE — LA LYS — ARMENTIÈRES, etc., etc.

PARIS
SOCIÉTÉ D'ÉDITIONS ET DE PUBLICATIONS
Librairie Jules TALLANDIER, 75, rue Dareau (14e)

A mon ami Z. LEJEUNE, en témoignage d'affection et de reconnaissance.

R. C.

« Il y a dans l'histoire des retraites illustres à l'égal des victoires. Celle qui, depuis Charleroi, contient la marche de l'ennemi, quand le détail en sera connu, comptera dans ces exemples fameux. »

(ALBERT DE MUN, 7 septembre 1914.)

Ces pages sont une modeste contribution à ce qu'on pourrait appeler les Chroniques de la Grande Guerre. Il est trop tôt pour en écrire l'histoire complète et définitive. Le plus grand drame qu'ait jamais vécu l'humanité, est trop sombre et trop complexe pour qu'on puisse s'en instituer l'historien. Les matériaux, les documents d'une certitude absolue et d'une précision rigoureuse font défaut. Les formidables événements, auxquels nous assistons, sont la conjugaison des siècles antérieurs, et comme l'addition de toutes les haines, de tous les antagonismes, de toutes les âpres rivalités qui déchiraient le monde. Aujourd'hui la déchirure, qu'une paix factice et précaire couvrait d'un voile trompeur et fragile, apparaît dans toute son horreur, et le sang en jaillit à flots.... Sous cette pluie rouge, dans la nuit de barbarie qui nous enveloppe, comment fixer, dès à présent, dans leur vérité intégrale, les parties obscures du drame et les faces inconnues de la grandiose tragédie ? Je n'ai point cette prétention.

J'ai cherché seulement à retracer une esquisse générale, aussi exacte et précise que possible, des premières batailles de 1914 et de l'invasion des Barbares modernes par la trouée du Nord. Les récits des nombreux combattants que j'ai interrogés ou qui m'ont fait l'amitié de me confier leurs carnets de route, les faits que j'ai pu recueillir sur place au cours des reportages accomplis — non sans peine, la guerre actuelle ayant rendu presque impossible le rôle des correspondants de guerre — dans la zone des armées, et jusque sur le front, m'ont aidé à ce travail de reconstitution, chroniques fragmentaires et sans prétention d'un journaliste de 1914. Volontairement, j'ai sacrifié le plus souvent les anecdotes et les épisodes qui n'ajoutaient rien à la clarté logique des événements. A travers les multiples témoignages, les souvenirs et les impressions des héros de ces grandes heures, j'ai essayé de démêler la trame secrète des événements et l'enchaînement des opérations. Par curiosité d'abord, la curiosité du reporter dont c'est le métier de se renseigner et de savoir et le devoir — dans les circonstances présentes — d'apporter à ceux qui sont dans l'igno-

rance et l'inquiétude une information sérieuse et véridique, un aliment sain à leur désir légitime, et combien angoissé, d'avoir au moins quelques bribes de vérité. Et puis par besoin de confiance, le besoin d'avoir confiance et le devoir encore de donner confiance à ceux qui attendent, pour qu'ils espèrent et pour « qu'ils tiennent ... »

Le soldat français est raisonneur, disait Napoléon. Le soldat-citoyen de la IIIe République, de la Grande Guerre du Droit et de la Liberté, accepte la discipline que lui impose la situation, mais il veut savoir et se rendre compte. Il ne consent pas à jouer mécaniquement le rôle d'une simple gâchette ; il s'y résignera, s'il le faut, pour la cause suprême et le résultat final. Auparavant, il faut qu'il ait conscience de la grandeur et de la nécessité de cette tâche passive, et la conviction de rester un homme et un citoyen sous la capote du soldat. C'est là que réside la force invincible d'une démocratie armée. Et d'ailleurs, raisonner n'est pas critiquer, je veux dire dénigrer. Bien au contraire ! Voir clair, s'expliquer, comprendre le pourquoi d'une marche et d'un mouvement, en découvrant l'intelligence des chefs, ajoutent à leur popularité, fortifient la confiance et l'affection que les soldats, qu'ils mènent au feu, et les populations, dont ils défendent les biens et la liberté, ont pour eux.

Puissent les pages qui suivent, et pour lesquelles je ne revendique qu'un mérite, celui de la sincérité, avoir atteint ce double but !

R. C.

PREMIÈRE PARTIE

De Dinant à la Marne

La Ruée sur Paris

I

LA BATAILLE DE DINANT

(15 août 1914)

La bataille de Dinant a marqué le premier choc sérieux entre l'armée allemande qui, après la violation de la neutralité de la Belgique, avait envahi le Luxembourg belge, et l'armée française accourue au secours de notre héroïque voisine.

Les Allemands, ayant Bruxelles pour objectif, s'avançaient en trois masses principales : l'une, au nord, s'était heurtée aux forts de Liége, et avait dû faire le siège de la glorieuse place commandée par le général Léman ; la seconde avait franchi la Meuse entre Liége et Namur et se préparait à investir Namur ; la troisième masse devait la rejoindre par le sud en passant la Meuse entre Namur et Givet et en tournant la place forte de Namur.

Mais une double barrière s'opposait à l'accomplissement de ce grand mouvement convergent. C'était la Meuse, d'abord, dont le cours de Namur à Givet forme sur une longueur de 47 kilomètres, une remarquable ligne stratégique et une défense naturelle de premier ordre. Et c'était aussi la couverture de troupes françaises que nous avions échelonnées le long de cette ligne pour en interdire le passage à l'ennemi. Nous avions si bien compris l'importance de lui fermer solidement cette porte, que nous en avions confié la garde à l'un de nos chefs les plus justement réputés pour ses mérites et sa bravoure, et populaire parmi les soldats, le général Mangin. Seulement, ce dernier n'avait sous ses ordres qu'une brigade comprenant le 45e et le 148e d'infanterie. Si grande alors était la confiance de tous — et peut-être faudrait-il ajouter l'ignorance du danger... — que nos soldats, sans se douter du rôle qu'ils allaient bientôt jouer ni de l'importance et de la gravité que prendraient les événements sur ce théâtre de la guerre, croyaient avoir, dans la garde des ponts de Meuse, une mission sans péril et un poste de tout repos. « Nous nous prenions déjà presque pour de braves G. V. C., a écrit l'un d'eux dans son carnet de route, et nous étions bien loin de penser que l'ennemi, lui, n'était pas très loin de nous... »

Le 14 août, il signala sa présence par un premier coup de sonde et dessina une courte attaque contre nos lignes. Des auto-mitrailleuses allemandes débouchèrent de la rive droite de la Meuse par le pont d'Anseremme, à 4 kilomètres au sud de Dinant, dispersèrent le poste français, et ouvrirent le passage à un escadron de uhlans qui purent s'avancer, sur la rive gauche jusqu'à Anthée. Il était cinq heures du soir. Quelques heures plus tôt, le 33e d'infanterie (faisant partie du 1er corps d'armée qui s'avançait en Belgique et devait prendre une part brillante à la bataille de Charleroi) était arrivé dans le village d'Anthée et y avait installé ses cantonnements. Le général Mangin qui ne se faisait pas, lui du moins, d'illusions sur la situation, avait sans doute recommandé la prudence aux commandants d'unités qui venaient renforcer sa brigade. Toujours est-il qu'à l'approche des uhlans, les mitrailleuses du 33e étaient déjà en batterie et qu'elles leur firent un joli accueil... Tout l'escadron de cavaliers ennemis fut fauché et arrêté net. Cette reconnaissance audacieuse mit nos soldats en éveil et à partir de ce moment, ils restèrent sur leurs gardes. C'était sage.

Le 15 août, les Allemands attaquaient Dinant avec des forces nombreuses. D'après un communiqué français d'alors, elles comprenaient « une division de la Garde, et la première division de cavalerie avec un appui d'infanterie de plusieurs bataillons et des compagnies de mitrailleuses. » Avant le lever du jour, les avant-gardes ennemies s'approchaient de Dinant. La Meuse partage la ville en deux parties inégales. La vieille ville et la citadelle se trouvent sur la rive droite. La citadelle la domine d'une hauteur de 105 mètres. C'est là que se déroula l'épisode le plus dramatique de la bataille... Au sud de la citadelle, à peu près sur le même plan, s'élève la tour de Montfort, haute de 20 mètres, reconstitution moderne d'une vieille tour du XIVe siècle. Les Allemands se répandirent d'abord dans cette partie de la ville ; les soldats du 148e, chargés de la défendre, firent une belle résistance et se battirent toute la nuit, mais ils étaient en trop petit nombre pour s'opposer à l'entrée des Boches dans Dinant ; ceux-ci grimpèrent à la citadelle, puis rapidement, ils organisèrent la position, dissimulèrent des mitrailleuses dans les rochers qui l'entourent, et firent de la tour de Montfort un bastion qui commandait le chemin en pente par où devaient fatalement déboucher les troupes françaises, en venant de la rive gauche de la Meuse. Du haut de la tour, ils avaient un merveilleux champ de tir et pouvaient balayer le pont sur la Meuse, et le passage à niveau du chemin de fer de Dinant-Namur qui longe la rive gauche du fleuve, de sorte que les assaillants ne pouvaient s'avancer sans passer sous une pluie de mitraille.

Vers neuf heures du matin, le gros des forces allemandes pénétraient dans Dinant ; l'artillerie, postée en avant de Sorinnes les soutenait et arrosait la rive gauche de la Meuse où s'étaient déployées les troupes françaises arrivées dans la nuit du 14 au 15. Le 33e d'infanterie, accouru le premier, d'Anthée, bivouaqua jusqu'au lever du soleil.

A six heures, il prenait position le long de la ligne du chemin de fer. A huit heures, deux compagnies, la 10e et la 12e, reçurent l'ordre d'avancer et d'aller occuper la citadelle. On ne savait pas encore que les Allemands étaient en force de l'autre côté de la Meuse et on espérait les devancer et les arrêter, en s'installant dans une position avantageuse. Les deux compagnies partirent bravement à l'assaut de la citadelle. Les Boches furent-ils surpris par la rapidité et l'audace de notre mouvement, ou bien laissèrent-ils à dessein nos 500 hommes s'enfermer dans cette espèce de souricière, pour les écraser ensuite sous le feu des canons et des mitrailleuses? Il faut sans doute faire la part du courage téméraire des nôtres et de la ruse perfide de l'ennemi.

La citadelle offrait à la fois un superbe point de repère aux batteries allemandes et un bien mauvais abri pour nos soldats. A peine ceux-ci y avaient-ils pénétré qu'une rafale de fer et de feu s'abattait sur les vieilles murailles qui, incapables de résister, s'écroulèrent aux deux tiers et ensevelirent sous leurs décombres un certain nombre de Français. La position était intenable. Le commandant décida d'en sortir coûte que coûte. Il se produisit alors une scène admirable dont la peinture perpétuera, espérons-le, la tragique beauté. Sur l'ordre du commandant, les deux compagnies essayèrent de se frayer un passage et de rallier le gros de leur régiment. La 10e devait marcher en tête et la 12e appuyer le mouvement. Les clairons et tambours se rangèrent des deux côtés de la porte de sortie et sonnèrent la charge, à pleine volée. Les hommes s'élancèrent aux cris de : Vive la France ! et dévalèrent par le chemin en pente. Geste sublime et fou !...

Les Boches démasquèrent les mitrailleuses cachées dans la tour de Montfort et dans les rochers ; dans le bruit sinistre des « moulins à café », au milieu des clameurs, des cris de rage de nos soldats fusillés à bout portant, la mort tourbillonna, décimant presque complètement la compagnie qui chargeait la première ; devant un tel carnage, l'autre se replia précipitamment à l'intérieur de la citadelle.

Sur la rive gauche de la Meuse, le 33e ne voulut pas assister, impassible, à cet horrible spectacle. Le colonel ordonna de marcher au secours des camarades cernés dans ce cercle de mort. Il s'agissait de franchir la ligne de chemin de fer par le passage à niveau, et puis le pont de la Meuse pour gagner la rive droite. La canonnade était extrêmement violente. Les obus pleuvaient. Le colonel commanda : en avant ! Narguant la mitraille et superbe de courage, un bataillon partit au pas de charge... Ce fut en vain. De telles actions qui étaient possibles dans les guerres d'autrefois et qui réussissaient par l'ardeur, la fougue que mettaient les soldats à exécuter l'ordre reçu, n'aboutissent plus qu'à d'inutiles boucheries avec les formidables engins modernes. On en fit la sanglante expérience à Dinant, et en bien d'autres batailles au début de la guerre... La charge exécutée par le 33e pour délivrer les deux compagnies enfermées dans la citadelle n'eut pas plus de résultat que la tentative de sortie effectuée par celles-ci. Au passage à niveau, dans la rue de la Station, et sur le pont, les hommes tombèrent par grappes sous les balles des mitrailleuses de la tour Montfort que les Boches avaient aussitôt braquées contre la masse mouvante de nos fantassins. Là encore, il fallut reculer. Vers midi seulement, profitant d'une légère accalmie, les survivants des deux compagnies bloquées dans la citadelle, parvinrent à s'échapper et à rejoindre nos lignes.

La situation restait flottante. Heureusement, des renforts arrivaient. C'était le 8e d'infanterie qui accourait de Floresnes où il avait cantonné la veille. Il était suivi du 127e, venu à marches forcées de Gochenée. Au nord de Dinant, le 110e atteignait Bouvignes ; le 84e occupait Onhaye, au sud-ouest ; il y avait aussi des fractions du 73e et de l'artillerie en assez grande quantité. L'arrivée de ces renforts déconcerta l'ennemi, et nous prîmes sur lui un ascendant qui se traduisit bientôt par un avantage très net.

Les deux premiers bataillons du 8e entrèrent en action vers onze heures du matin ; le 3e était resté en réserve à Weillen. Le colonel du 8e redoutant de voir les Allemands déboucher de la vieille ville sur le pont et se répandre sur la rive gauche de la Meuse, posta de nombreux tirailleurs aux abords du pont, qu'il commença même à faire barricader. Mais il ne commit pas la faute de renouveler la tentative de passer la Meuse pour marcher sur la citadelle. Il attendit prudemment que l'artillerie ait déblayé le terrain.

Quand les 75 se mirent de la partie, ce ne fut pas long ; à beaucoup, ils faisaient entendre pour la première fois leur impitoyable chanson, et les Boches exécutèrent une valse rapide... Quatre obus éclatant juste au-dessus des ruines de la citadelle, firent taire leurs mitrailleuses. La tour Montfort, facilement repérée, n'en demanda pas beaucoup plus. Nous prenions notre revanche du matin. Par ailleurs les Boches ne pouvaient songer à prononcer une contre-attaque pour passer la Meuse à leur tour et percer nos lignes. De la rive gauche, le tir de notre infanterie balayait les bords du fleuve et empêchait absolument l'ennemi d'avancer. Débusqués et décimés par le feu des 75, maintenus par celui des lebels, menacés s'ils s'obstinaient à rester dans Dinant, devenu d'ailleurs intenable, d'être enveloppés par nos régiments qui avaient déjà franchi la Meuse au nord et au sud de la ville, les Boches comprirent qu'ils n'avaient plus qu'à décamper. C'est ce qu'ils firent dans la soirée même du 15, non sans avoir au préalable assouvi leur rage et leur vengeance sur des civils et des habitants de Dinant qu'ils accusèrent d'avoir pris part à la bataille, et qu'ils fusillèrent lâchement avant de quitter la ville. Vers sept heures, les Boches battaient en retraite vers Ciney et Assesse ; nos 75, allongeant leur tir, les poursuivirent de leurs coups meurtriers.

Les troupes françaises rentrèrent aussitôt dans Dinant, saluées par les acclamations enthousiastes des habitants délivrés. Le colonel du 8e monta à la citadelle avec une compagnie de son régiment qui décrocha le drapeau boche et le remplaça par nos trois couleurs. Le soir, et toute la nuit, tandis qu'une compagnie du 8e montait la garde au faubourg de Leffe, Belges et Français fêtaient aux accents de la *Marseillaise* et de la *Brabançonne* la première victoire remportée par nos troupes en Belgique. Elle nous avait coûté environ un millier d'hommes.

II

LA BATAILLE DE DINANT RACONTÉE PAR UN COMBATTANT.

[Ces notes vivantes et pittoresques compléteront très heureusement notre schéma de la bataille de Dinant. Celui qui les a écrites, l'adjudant Lejeune, du 8e d'infanterie, est le fils d'honorables paysans du Pas-de-Calais, d'une de ces vieilles et belles familles artésiennes, aux qualités si françaises. Parti simple soldat le premier jour de la mobilisation, il a fait toute la campagne avec la même bonne humeur et le même courage dont on trouve l'expression simple et alerte dans les pages que nous avons extraites de son carnet de route. Cité deux fois à l'ordre du jour, il a gagné ses galons un à un et il en gagnera d'autres encore sans doute... Les braves comme l'adjudant Lejeune, têtes solides où brille une intelligence clairement française et solides poitrines où bat un noble cœur, sont la grande réserve d'héroïsme de notre armée, et sa force, et son honneur].

. . . .

13 août. — Nous entrons en Belgique. La population nous est on ne peut plus sympathique. De toutes parts se font entendre les cris répétés de « Vive la France ». Le long des routes, on a installé des tables remplies maintenant pour nous de choses excellentes, il y a de délicieuses tartines de pain beurré ou recouvertes de confiture ou de pâté, du café, du lait, du chocolat, des allumettes, des paquets de tabac, des cigares, des cigarettes, etc... Nous bourrons nos poches au passage, à la grande joie des Belges qui nous sourient et nous acclament. Nous arrivons le soir à Vierves où nous couchons dans une salle de musique.

14 août. — Nous partons à minuit pour aller cantonner à Floresnes où la population nous est encore plus sympathique que partout ailleurs. Nous logeons chez l'habitant... dans des lits ! Nous n'avons qu'un désir, y rester quelques jours.

Vers le soir, le 27e d'artillerie, cantonné lui aussi à Floresnes, reçoit l'ordre de se porter immédiatement vers Dinant, où on dit qu'un combat va s'engager. Aussitôt le bruit court que le 8e va partir, lui aussi. On commence à ne plus plaisanter, il semble que l'on a un poids bien lourd sur le cœur... Mais comme il n'y a pas encore d'ordre de départ, on se détermine à se coucher quand même dans les plumards. On y est bien et on s'apprête à y faire de très doux rêves, quand tout à coup le sergent de jour passe en criant : « Tout le monde debout ! » Ah ! ça c'est mauvais ! Depuis deux jours on ne s'est guère reposé, aussi tout le monde dort en marchant. On est exténué de fatigue. On ne nous dit pas où nous allons, mais quelques-uns le devinent (je suis de ceux-là). Nous allons à la bataille, à Dinant... La population de Florennes devait se douter aussi que c'était là que nous allions. Tout le monde était trop grave à notre départ. On sentait que derrière ces yeux qui tristement nous regardaient partir il y avait une pensée pour ceux des nôtres qui le lendemain, allaient tomber. Peut-être aussi que le danger que nous courions faisait songer ces braves gens aux souffrances que devaient endurer leurs fils, leurs maris ou leurs frères, là-bas devant Liége... Les confidences que m'avaient faites, à ce sujet, certaines personnes angoissées me revenaient à l'esprit et me faisaient compatir à la douleur profonde de cette bonne population belge.

15 août. — Il est à peu près huit heures du matin quand nous arrivons à Weillen. Nous entrons dans le parc d'un château transformé en ambulance. Tout est encore calme, nous faisons la grande halte. Après avoir mangé, tout le monde s'endort. Mais tout à coup nous sommes réveillés par le bruit du canon. Nous en restons cloués sur place, d'autant plus qu'une terrible fusillade succède aux coups de canon. On nous distribue 300 cartouches environ, ce qui n'est pas fait pour alléger notre chargement. Nous fourrons ces cartouches où nous pouvons, dans notre musette, dans nos poches, dans notre sac, partout où il y a de la place.

Voici maintenant un roulement épouvantable de voitures. C'est le 15e d'artillerie qui passe au plus grand galop des chevaux pour aller renforcer le 27e déjà en action depuis quelques heures. Un autre spectacle qui nous émotionne vivement, un blessé revient de la direction de Dinant, sur un brancard. Ça commence à nous donner le cafard. Enfin voilà l'heure !

Sac au dos et en route ! Sorti du parc, c'est la plaine. « Ligne de section par quatre ! » Nous commençons à ouvrir l'œil. « Ligne de demi-section, par deux ». Aussitôt commandé, aussitôt exécuté. « Par un » et en avant. Nous marchons sans trop nous soucier du danger que nous allons courir. Nous étions novices dans le métier et puis notre attention était ailleurs. Dans le lointain, des maisons, des meules étaient la proie des flammes. Ça nous tape dans l'œil et surtout dans le cœur... Nous nous retrouvons presque à plat ventre ! C'est un obus français, le premier, qui vient de passer au-dessus de nos têtes en sifflant d'une singulière façon.

Le deuxième nous produit moins d'effet... Et puis on s'habitue.

Les Allemands commencent à répondre. Un 77 tombe tout près de nous. Il n'a pas été nécessaire de nous commander « Couchez-vous ». Maintenant c'est la grêle de mitraille avec autour de nous un nuage de poussière et de fumée.

J'étais tout en tête avec le capitaine : « Ça sent la poudre, pas vrai? mon capitaine, lui dis-je, il me semble que nous sommes bien repérés par les Boches, si nous bondissions en avant ». — « Je pense en effet, dit le capitaine, que c'est ce que nous avons de mieux à faire. » Nous partons donc au pas de course : une forte haie nous arrête, impossible de sauter au-dessus ou de la traverser, pas le temps de la couper, il nous faut donc la contourner. Pendant ce temps-là ça pleut toujours, mais les obus tombent maintenant derrière nous, il n'y a pas encore un blessé chez nous.

Nous continuons d'avancer, mais plus lentement, car le danger va croissant.

Nous arrivons au sommet d'une crête. A nos pieds, un ravin et coulant au fond, la Meuse ; à cheval sur le fleuve, une charmante petite ville : Dinant !

Les Allemands, où sont-ils? Nous n'en voyons pas un ! Et pourtant on se bat furieusement devant nous. Fusils, mitrailleuses, canons tirent sans interruption de part et d'autre, semant l'épouvante et la mort. C'est un vacarme infernal. Le régiment se disperse. La compagnie elle-même ne peut rester groupée. Nous sommes quelques-uns avec le capitaine et l'adjudant-chef Delms, nous nous plaçons près d'une haie à l'abri d'une petite crête. Au-dessus de nos têtes, des balles éclatent. Nous pensons alors, et le capitaine aussi, qu'il doit y avoir des Français derrière nous, qui nous tirent dessus : nous ne pouvons rester ainsi entre deux feux. Le brave Delms s'offre à aller avertir les Français de rectifier leur tir, mais il ne trouve personne.

Nous avons su plus tard que les Allemands se servaient de balles explosives. Celles qui éclataient au-dessus de nous à une si grande distance de la ligne de tir de l'ennemi qu'étaient-elles? Je n'en sais rien.

Nous ne pouvions pas rester toujours à la même place. Le capitaine se décide à nous faire partir en rampant. Nous exécutons cet ordre avec précaution. Quelques balles me passent bien près des reins et de la tête. La zone est trop dangereuse, il ne faut pas penser y rester. Nous bondissons à nouveau en avant, nous rapprochant ainsi peu à peu de Dinant. Nous mettons baïonnette au canon. Pour arriver à Dinant, il y a une terrible côte. Les Allemands sont en face de nous, sur la rive droite de la Meuse, dans une forteresse dominant un rocher abrupt. Nous ne pouvons pas les voir, mais eux nous voient très bien. Heureusement qu'un petit bois nous abrite et nous permet de nous approcher de la ville sans être aperçus. Tout le 8e se groupe dans le bois.

Je reste avec le capitaine. En bas du bois un mur nous barre le passage, nous nous faufilons le long du mur, finalement nous trouvons une porte. Le sergent-major Senzier la fait enfoncer. Cette fois, nous sommes dans Dinant. « Ça devient salement intéressant, ne puis-je m'empêcher de dire au capitaine. — Je te crois, mon vieux, me répond-il. »

Naturellement notre entrée dans la ville est saluée par les mitrailleuses ennemies qui nous tirent et blessent quelques hommes. Nous traversons la voie ferrée, nous voilà à la gare. Nous y étions à peine arrivés que nous voyons des soldats français sortir en masse des caves de cette gare. C'était le 73e qui s'y était enfermé le matin ne s'étant pas trouvé en force pour attaquer la citadelle occupée par les Allemands. Nous y trouvons également des fractions du 33e. Le 148e qui s'était battu dans la nuit n'était plus là.

Pendant que nous sommes là, on entend encore quelques coups de fusil dans la ville. Sur qui et sur quoi tire-t-on? Je n'en sais rien. Il est bien probable pourtant que ce n'est pas sur des mouches !

Notre colonel Doyen donne l'ordre aux commandants de compagnie de reformer leurs unités. Notre capitaine nous rassemble sur la ligne de chemin de fer, derrière un mur. Mais une partie de la compagnie n'est pas du tout à l'abri des balles qui pourraient venir de la citadelle en face ou de la tour qui se trouve à quelque distance à droite. J'ouvre l'œil et à un moment donné, j'aperçois quelques Boches qui mettent le nez hors de la tour, là-bas, tout en haut. J'en rends compte au capitaine. — « Laisse-les faire », me répond-il. J'avertis également le commandant qui réplique : « Oh ! ça ne fait rien ». N'importe, je guette toujours ces coquins. Je constate bientôt que ça va se gâter pour nous. Je vois en effet les Allemands mettre une mitrailleuse en batterie. Ce n'est plus le moment de rigoler, il faut nous abriter avant que la mitrailleuse boche ne se mette en action. D'un bond, je suis près du commandant de Claussade et je lui fais part de ma découverte. Il prend sa jumelle et regarde dans la direction que je lui indique. Il voit ce que j'ai vu moi-même et donne immédiatement l'ordre de mieux se cacher derrière le mur. « Messieurs les Boches, vous pouvez rentrer votre moulin à café. »

Pendant ce temps que se passe-t-il dans la ville ?

Le colonel Doyen, redoutant une surprise des Allemands qui occupent toujours la rive droite de la Meuse, prend la décision de faire barrer le pont. Il demande six volontaires : six braves se présentent parmi lesquels le caporal Vanpouke. Sur le pont les balles sifflent. A trois reprises, les six hommes s'avancent. A la troisième, cinq d'entre eux tombent raides morts. Il n'en reste qu'un, un nommé Fourmanoir. Il revient, à reculons, se protégeant avec un tonneau. Le pont n'est donc pas barricadé.

C'est inutile d'ailleurs. Car nous venons de recevoir l'ordre de passer la Meuse. Quelques compagnies doivent rester dans la ville. La mienne va se replacer sur la crête où elle était tout à l'heure.

Dans la ville, règne une animation extraordinaire. Les soldats français et la population dinantaise chantent *la Marseillaise*... au son du canon, car pendant tout ce temps, l'artillerie française tire sans arrêt. Les Boches battent en retraite maintenant et notre artillerie les poursuit toujours ; le bruit de la canonnade, joint aux rumeurs qui montent de la ville, forme un vacarme épouvantable dont on n'a pas l'idée.

A notre tour, nous recevons l'ordre de traverser la ville et de monter à la citadelle. En rentrant dans Dinant, un spectacle émouvant s'offre à nos yeux. Le colonel Doyen qui est un vrai brave est déjà à la citadelle avec une section. Le drapeau allemand est planté sur la tour principale de la forteresse. La section entre dans la place et un homme grimpe jusqu'au haut de la hampe, arrache le drapeau boche et le remplace par l'étendard français.

Des cris, des bravos sont poussés par la troupe et par les Dinantais qui sont maintenant ivres de joie. Partout c'est du délire.

Pour ma part, je veux m'en ficher plein les yeux de ce spectacle grandiose. Pendant que ma compagnie s'en va, je reste là planté fixant la citadelle du haut de laquelle après quelques courts instants de gloire le drapeau allemand vient d'être descendu. Quelqu'un même en brise la hampe et en déchire l'étoffe.

Tout à coup je me rappelle que je dois aussi

monter là-haut. On m'indique le chemin. En cours de route, je me fais « assassiner » par les habitants qui me comblent de victuailles de toutes sortes : pain beurré, confitures, pâté, croissants, gâteaux, bière, vin, café, cigares, bonbons, œufs, etc... A la fin, je suis obligé de refuser, ce qui ne plaît pas à tout le monde. On me charge malgré moi. Je mange, je bois, je m'étrangle pour faire de la place, c'est tout juste si je ne fume pas le cigare en mangeant. Je me rappellerai longtemps cette orgie. Bref, j'en ai plein ma musette, plein les poches, et je ne peux plus bouger les bras de peur d'en laisser tomber. Une jeune fille m'aborde encore en disant : « Veux-tu des pastilles de menthe? toi ». Je suis obligé d'accepter, ce sont des yeux si doux et un cœur si chaud qui m'offrent ces bonbons !

Je continue toujours de monter vers la citadelle, en me renseignant de côté et d'autre sur le plus court chemin à suivre.

Tout à coup, je tombe sur une fraction de la compagnie conduite par l'adjudant-chef Delms. — « Lejeune, me dit-il en m'apercevant, je me meurs de soif ». Je porte la main à mon bidon ;

imbécile que je suis, dans mon orgie de tout à l'heure, je n'ai pas pensé à faire des provisions. Mon bidon est vide et il m'est impossible de venir en aide à ce cher adjudant. Je cherche dans mes vivres et je retrouve un œuf que j'offre à Delms, il accepte avec plaisir. Nous nous remettons en marche, par le chemin le moins escarpé pour gagner la citadelle. Voici un sentier qui doit nous mener au but : nous tenons conseil quelques instants pour fixer les dernières dispositions à prendre pour entrer dans la citadelle. Sur ces entrefaites survient notre capitaine avec une autre partie de la compagnie. Nous mettons baïonnette au canon et en route par le sentier.

Les Allemands sont partis, mais il pourrait y avoir encore quelques retardataires embusqués dans quelque coin, prêts à nous canarder, aussi nous ouvrons l'œil et le bon !

Près de la citadelle nous voyons deux rangées d'hommes étendus. Ce sont des Allemands. D'un côté les morts, de l'autre des blessés. Un des blessés nous demande à boire, le capitaine lui en fait donner pendant que certains des nôtres lui montrent la pointe de leur baïonnette ou de leur sabre. Nous continuons notre route avançant toujours avec précaution. Nous nous heurtons à des cadavres, à des épaves de toute sorte... Tant bien que mal nous arrivons enfin dans l'enceinte de la citadelle, sommet d'un énorme rocher dans lequel on a taillé des galeries souterraines et des appartements. Le plus vaste de ces appartements sert maintenant de musée.

Ici, encore on ne rencontre que des cadavres, des armes et des équipements pêle-mêle. Dans une salle, voici des tables, couvertes de verres et de bouteilles à champagne. Les Allemands probablement des officiers, se sont saoulés ici comme des cochons !

Un civil remettait tout en ordre. C'était le surveillant de la citadelle. Le pauvre homme avait passé une bien triste journée avec les Allemands. Certaines histoires qu'il nous a contées, nous faisaient frémir d'horreur.

Nous continuons notre exploration.

Après avoir traversé la citadelle, nous arrivons à l'escalier très long et très raide qui descend dans la ville. Je n'aurais jamais cru arriver en bas le jour même. Enfin voilà le pavé, la place de l'église, le pont. Dans la ville illuminée une grande animation règne encore. Toujours le chant de *la Marseillaise* et les cris mille fois répétés de « Vive la France ! » La foule est immense, nous arrivons à nous frayer un passage et à quelques-uns (une trentaine environ) nous suivons le capitaine. Il nous dit qu'il nous reconduit à Weillen, à l'ambulance : nous demandant de faire un effort pour arriver jusque-là. D'ailleurs nous ne sentons pas, pour le moment, notre fatigue, nous sommes vainqueurs ! Bref, chacun se traîne comme il peut ; il fait noir comme dans le derrière d'un nègre, c'est à peine si je distingue l'adjudant-chef qui est à deux pas devant moi. On sent tout de même la fatigue qui s'amène et avec ça la soif. Le capitaine nous promet de nous faire arrêter à la première maison. Pourvu qu'elle ne soit pas trop éloignée. Cette maison tant désirée, pourvu qu'il y en ait une seulement ! Enfin la voilà ! On se précipite, mais là comme partout, ce sont les plus honteux qui perdent. Les audacieux bousculent les autres et arrivent à la pompe. Moi plutôt timide n'aimant pas à bousculer mes camarades, je me « bombe ».

Nous voilà un peu rafraîchis (certains du moins) et un peu reposés. Nous repartons sous la pluie qui commence à tomber. Alors ma dernière pensée s'envole, douloureuse, vers ces pauvres blessés amis et ennemis qui vont passer la nuit sur le champ de bataille, dans la souffrance, sans consolation et sans abri. « Quelle calamité ! quel malheur » disait l'adjudant-chef en pensant à ces malheureux.

Enfin nous arrivons à Gérin dans le parc de l'ambulance. Il pleut à torrents. Nous nous étendons sous les arbres. L'adjudant-chef nous dit qu'il va essayer de nous trouver un logement. Il n'a pas manqué à sa parole. A peine étions-nous endormis au pied des arbres, qu'il vient nous chercher pour nous mettre à l'abri. Pour ma part, je n'aurais jamais cru arriver à destination bien qu'il n'y ait eu qu'une centaine de mètres à faire. Je me sentais crouler à chaque instant. Ce n'est qu'au prix d'un terrible effort que j'ai pu rester sur mes jambes. L'abri est petit, on se couche l'un sur l'autre comme on peut et on ne tarde pas à s'endormir à nouveau.

Pendant ce temps que devenait le reste du régiment à Dinant?

On avait réussi à rassembler à peu près tout le monde. Le colonel décida de loger ses hommes dans le même local. On lui céda l'église. Les soldats s'installèrent sur des chaises pour y passer la nuit de leur mieux. A 11 heures du soir, le gaz s'éteint subitement. Le curé avertit le colonel que le directeur de l'usine à gaz étant un Allemand, il pourrait bien se faire que cette extinction du gaz ne soit pas naturelle. Le colonel remercie et prend immédiatement son parti. Il fait évacuer l'église et repasser le pont. Voilà donc le régiment sur la rive gauche de la Meuse et sans abri, par ce mauvais temps. Heureusement les nuits sont courtes à cette époque, l'aube ne tarde pas à venir.

C'est là aussi que le drapeau du régiment reçut sa première blessure. Sa hampe fut brisée et son étoffe déchirée par un obus..

III

LA BATAILLE DE CHARLEROI

> La bataille de Charleroi n'était connue que par des récits purement épisodiques. La *Liberté* du 9 décembre 1914 a publié la première reconstitution de l'ensemble des opérations qui se déroulèrent du 15 au 26 août, de Mons à Namur et à Dinant et qui, ayant Charleroi pour centre, furent désignées sous le nom général de bataille de Charleroi. Ce chapitre est la mise au point de l'article du 9 décembre dont j'avais réuni les éléments avec la collaboration de mon ami Z. Lejeune.

Vingt-deux jours déjà s'étaient écoulés depuis que le premier casque à pointe avait paru en Belgique, quand le gouvernement français annonça, dans une note éloquente, sa résolution de « tout faire pour libérer le territoire de la Belgique » dont l'Allemagne, au mépris de tous les droits, avait violé la neutralité. Au 21 août, le nord et le centre de la Belgique étaient envahis, et cependant la Meuse, avec ses remarquables défenses naturelles, formait toujours de Liége à la frontière française une ligne que n'avait pu encore franchir l'ennemi. Le 24 août, répondant à la note du gouvernement et à la promesse solennelle de la France, le communiqué nous informait que la grande bataille était engagée en Belgique.

A la vérité, elle l'était depuis huit jours déjà. Le 15 août, une attaque allemande contre Dinant était énergiquement repoussée par deux régiments du 1er corps (le 8e et le 33e) et par une fraction (une compagnie du 148e) de la brigade d'infanterie (148e et 45e) chargée de défendre les ponts de la Meuse, sous les ordres du général Mangin. Le communiqué officiel du 17 signalait que « les forces allemandes comprenaient la division de la garde et la première division de cavalerie avec un appui d'infanterie de plusieurs bataillons et des compagnies de mitrailleuses. » (Voir le chapitre précédent).

Pendant que ces forces étaient arrêtées, puis repoussées en arrière de la ligne Namur-

Dinant-Givet, d'autres masses allemandes forçaient le passage de la Meuse entre Namur et Liége. La Meuse, dans toute cette région, est beaucoup moins difficile à passer qu'entre Namur et Givet : ses bords étant moins escarpés, le génie a vite fait de multiplier les ponts de bateaux. La défense de cette ligne était confiée à l'armée belge qui s'appuyait à la vieille forteresse de Huy. Seulement, les Belges étaient trop peu nombreux pour résister à la masse allemande ; de plus, ils risquaient d'être pris en arrière et complètement enveloppés par les troupes ennemies qui arrivaient sans cesse par le Nord et peut-être aussi par la Hollande (1). Contraints de se replier, leur retraite permit aux Allemands de passer la Meuse entre Namur et Liége, et de rejoindre par cette nouvelle route leurs masses du Nord.

Les régiments brillamment commandés par le général Mangin reçurent l'ordre de se porter

(1) Un communiqué officiel français du 5 août, a formellement dénoncé le passage de troupes allemandes par la Hollande. Dès le lendemain, toutefois, une dépêche *Havas* (6 août), d'allure officieuse, sans le rectifier, faisait des réserves sur ce fait et déclarait que la violation du territoire hollandais par l'armée allemande n'était pas nettement établie.

en avant, à l'ouest de Namur, afin d'aider à barrer la route à l'ennemi entre Namur et Charleroi. Ils furent remplacés par une division de réserve du 1er corps, sous les ordres du général Bouttegourd — remplacé depuis par le général Rouvier — qui prit, à son tour, la défense de la ligne Namur-Dinant-Givet. Certes, la défense était secondée par les positions naturelles des bords de la Meuse. En outre, on avait pris la précaution de faire sauter tous les ponts, sauf celui de Dinant, qui, dans la pensée du haut commandement, devait nous être d'un grand service pour la réalisation du plan d'offensive générale. Seulement, étant donné le nombre colossal d'hommes que l'Allemagne allait jeter sur nous, une seule division de réserve, soldats peu entraînés, soutenus par quelques batteries d'artillerie, c'était insuffisant pour garder la porte de Dinant.

Du moins, c'était insuffisant pour la garder longtemps. Or, si le plan d'attaque tel qu'il avait été conçu — et remarquablement conçu — s'était poursuivi normalement et si, pour reprendre les termes d'un communiqué, des

« difficultés d'exécution impossibles à prévoir » n'étaient survenues, la division Bouttegourd n'eût pas été immobilisée le long de la Meuse, et, finalement, culbutée. Du front Sedan-Stenay-Longwy, la quatrième armée, commandée par le général De Langle de Carry, appuyée à droite par l'armée de la Woëvre, — la troisième armée, commandée par le général Ruffey — devait monter en effet de la frontière française en Belgique et prendre l'ennemi de flanc sur la rive droite de la Meuse... Ces deux armées ne purent avancer aussi rapidement que l'exigeaient les circonstances. « Le terrain des opérations, surtout à notre droite, est boisé et difficile » disait le communiqué officiel du 24 août. Nos troupes s'y heurtèrent aux troupes allemandes qui étaient arrivées presque en même temps qu'elles, en violant la neutralité du grand-duché de Luxembourg, pour gagner directement le Luxembourg belge. Qui pouvait croire que les Allemands feraient la guerre comme des Barbares, en méprisant et foulant aux pieds les droits les plus sacrés?... On ne dira jamais assez, non plus, à quel point l'Allemagne avait *tout* préparé pour écraser la France le plus rapidement possible, afin de pouvoir se retourner ensuite contre la Russie.

La bataille de Charleroi ne s'engagea pas dans des conditions favorables pour nous. Sur le front de Namur à Mons, les troupes alliées s'échelonnaient de la sorte :

A droite, la brigade Mangin s'appuyant aux forts de Namur solidement défendus par l'artillerie belge. A gauche et vers Charleroi, le 1er corps, commandé par le général Franchet d'Esperey. Autour de Charleroi même, les troupes coloniales : infanterie coloniale, tirailleurs algériens et marocains, sénégalais et turcos, qui devaient si énergiquement couvrir la retraite. Entre Charleroi et Mons, le 3e corps qui était alors commandé par le général Sauret, et le 18e corps. Enfin, à Mons, l'armée anglaise. L'ensemble de ces troupes formait notre cinquième armée et était placée sous le commandement du général Lanrezac.

Cette muraille vivante ne s'arrêtait pas toutefois à Mons, comme l'ont prétendu certains publicistes, et notamment M. Gustave Hervé. Des précautions avaient été prises pour que, d'un bout à l'autre, notre frontière fût entièrement couverte. C'est ainsi qu'à partir de Mons, ou plus exactement de l'aile gauche de l'armée anglaise, des forces de réserve et de territoriale s'étendaient le long de la frontière belge, de Tournai à Dunkerque. « D'ailleurs, le communiqué officiel du 24 août précisait qu' « à notre extrême gauche un groupement avait été constitué dans le Nord pour parer à tout événement de ce côté. »

Des récits anecdotiques de combattants et de blessés nous ont appris, en son temps, ce que fut la bataille de Charleroi, la « grande bataille de Belgique », l'acharnement déployé de part et d'autre, l'héroïsme des nôtres résistant superbement à l'écrasante supériorité numériques des formidables masses ennemies. Ce qu'on sait moins c'est qu'à droite, avec ces chefs admirables que sont Mangin et Franchet d'Esperey, nous avions gagné la première manche de la bataille. Entre Namur et Charleroi, nos troupes avaient l'avantage. Autour de Charleroi les troupes coloniales, et à gauche, le 18e corps (1) se comportèrent brillamment. Mais au centre, le 3e corps et à l'extrême gauche, l'armée anglaise durent se replier et céder du terrain. Les troupes de Lille, disons plutôt — pour reprendre les termes du communiqué — le « groupement des troupes du Nord » devaient venir les renforcer. Pourquoi ne vinrent-elles pas? C'est le mystère qu'éclaircira l'avenir...

L'aile droite allemande commandée par von Kluck, se précipita par cette trouée. La masse allemande déferla comme un ouragan, sur la rive gauche de la Sambre. En face, sur la rive droite, nos troupes opposaient toujours cependant un front dense, tandis que bien protégée par sa cavalerie, dont on connaît la valeur, l'armée anglaise exécutait une retraite en bon ordre et gardait très étroitement le contact avec l'ennemi. Peut-être même à ce moment, un retour offensif et l'arrivée de renforts à notre

(1) Il n'est peut-être pas inutile de rappeler, pour ceux qui ont calomnié — trop souvent à tort et sans données exactes des faits — les troupes du Midi, que le 18e corps (région de Bordeaux) comprend de nombreux méridionaux, Gascons, Basques, Béarnais, etc.

aile gauche eussent-ils arrêté la ruée des Allemands, car l'aile droite conservait toujours ses positions avantageuses. Le fléchissement de la division Bouttegourd sur la ligne de la Meuse nous mit dans l'obligation de les abandonner. Les Allemands, revenus avec de plus grandes forces après leur échec du 15 août, avaient réussi à s'emparer de Dinant et à franchir la Meuse... Cette porte enfoncée, il n'y avait plus qu'à battre en retraite et à reprendre nos positions défensives. C'est ce qu'ordonna très sagement le généralissime.

Tous se rappellent les angoisses vécues pendant les trois jours que dura cette grande bataille de Charleroi qui, disait le communiqué officiel du 25 août « si elle avait atteint son but et tourné à notre avantage eût abrégé la guerre. » Il aurait fallu pour cela que notre quatrième et notre cinquième armée, soudées sur la Meuse par la division Bouttegourd pussent former tenaille — comme l'espérait le général Lanrézac — et faire décrire à leurs ailes extrêmes un vaste cercle. Les Allemands se seraient trouvés coincés et broyés entre ces deux griffes vivantes... Il n'a pu en être ainsi : la soudure s'est rompue à Dinant ; la griffe de droite n'a pu avancer à cause des difficultés de terrain ; celle de gauche enfin, pour les raisons que nous avons indiquées — certaines du moins, ayant volontairement passé les autres sous silence — a été brisée en plusieurs morceaux.

Quoiqu'il en soit, sachons gré aux glorieux combattants de Charleroi, qui ont essuyé le choc du bélier allemand, d'avoir contribué, avec l'héroïque résistance belge, à arrêter la masse des Barbares qui dévalaient sur la France, et d'avoir ainsi préparé, au prix de leur sang, notre victoire de la Marne.

IV

LA BATAILLE DE BAPAUME

(26-27 août 1914.)

Dans la nuit du 24 au 25 et dans la journée du 25 août, une animation extraordinaire régnait à l'intérieur et aux abords de la gare d'Arras. Des trains bondés de soldats, les armes fleuries, les wagons couverts d'inscriptions comme aux jours les plus enthousiastes de la mobilisation, arrivaient et amenaient enfin des renforts dans cette région du Nord, large trouée par où l'ennemi vainqueur en Belgique se précipitait en masses compactes et formidables. Les gens d'Arras, sans avoir de précisions, n'ignoraient pas la gravité de la situation ni l'approche des Allemands... A la cordialité de leur accueil pour les soldats qui débarquaient, il se mêlait une émotion faite de la conscience vague du danger et de l'appréhension du lendemain. Sur la place de la gare, et sur les larges avenues environnantes — aujourd'hui monceau de ruines, — les régiments se formèrent en colonnes. La plupart appartenaient à la 61e et à la 62e division de réserve, régiments bretons et du centre, charentais, limousins, périgourdins. D'abord affectés à la défense du camp retranché de Paris, ils étaient restés pendant quinze jours sous les murs de la capitale, dans le secteur du Bourget-Gonesse. Le 5e bataillon du 307 (d'Angoulême) arrivé dans la nuit du 24 au 25 partit en tête, à l'avant-garde de la 62e division qui prit la direction de Douai. La 61e, celle de Lens. Sur la route d'Arras à Douai, un spectacle navrant s'offrit bientôt aux soldats : interminables théories de vieillards, femmes, enfants en voiture, à pied, qui fuyaient devant l'invasion. Puis des régiments de territoriaux qui revenaient de Cysoing où ils avaient dû se replier devant des forces ennemies considérables. Ce fut une rude épreuve pour nos réservistes qui n'avaient pas encore vu le feu, et qui croyaient aller en Belgique, les communiqués ayant annoncé quelques jours auparavant que la « grande bataille » était engagée sur les bords de la Sambre et de la Meuse... Réfugiés et fuyards semaient et grossissaient les mauvaises nouvelles : d'après eux Douai était pris, Lille et Valenciennes en flammes, l'armée française en déroute, etc. Nos vaillants réservistes ne se laissèrent point démoraliser, et stimulés par l'exemple et les exhortations des officiers, ils continuèrent leur marche en avant. Aux environs de Brébières, grande halte dans un ravin. Le 26, vers 6 heures du matin, la division atteignait Douai, traversait la ville — morne et presque vide, les trois quarts des habitants ayant fui — et sans s'y arrêter, sans rencontrer, non plus, le moindre Boche, marchait toujours, ayant Valenciennes pour objectif. A Montigny-en-Ostrevent, alerte et arrêt. Des estafettes du 20e dragons vinrent signaler la présence toute proche de l'ennemi. Les fantassins se déployèrent en tirailleurs et occupèrent de solides positions défensives. Au loin des coups de feu retentirent bientôt. Nos dragons se trouvaient aux prises avec des patrouilles ennemies. L'engagement tourna à l'avantage des nôtres qui firent une demi-douzaine de prisonniers. L'infanterie n'eut même pas à intervenir. Le soir, elle reçut l'ordre d'abandonner ses positions, de renoncer à la marche sur Valenciennes et d'effectuer un mouvement tournant dans la direction de Bapaume où devait la rejoindre la 61e division qui d'Arras avait gagné les environs de Lens (le 219e cantonna le 25 à Givenchy-en-Goelle où la bataille fait rage aujourd'hui...).

Toute la nuit du 26 au 27, les régiments effectuèrent des marches forcées sous une pluie battante. Ils traversèrent Arleux, laissèrent à leur gauche Cambrai où, la veille, les territoriaux avaient tenu tête à l'ennemi et retardé sa progression. Dans la matinée du 27, malgré un violent orage qui contraria sa marche, la 62e division atteignait Bapaume et opéra sa jonction avec la 61e. Il était temps : de Cambrai, les Boches arrivaient par la grand'route qui mène droit à Amiens par Bapaume et Albert.

Adossés à la petite ville de Bapaume, nos troupes se déployèrent sur un front qui allait de Beugnâtre à Bertincourt et barrait verticalement la grand'route de Cambrai. Les régiments bretons formaient l'aile gauche, les Charentais, Limousins et Périgourdins, le centre et la droite. L'artillerie était postée sur les hauteurs de Bapaume. Nos réservistes attendaient l'ennemi de pied ferme et ne bronchèrent pas quand ils reçurent le baptême du feu. Disséminés en tirailleurs dans les champs de blé et de betteraves, abrités derrière des gerbes et des silos, ils essuyèrent bravement le feu très vif des Boches.

Nous avons sous les yeux le carnet de route d'un réserviste qui a pris part à la bataille de Bapaume, et qui a noté ainsi ses impressions : « Quand les premières balles m'ont sifflé aux oreilles, je n'ai pas été trop ému ; il m'a semblé que, caché derrière une gerbe de blé, j'étais à l'abri des pruneaux comme du temps de mon active dans les tranchées du champ de tir d'Entre-Roches. Mais quelques minutes après, j'ai pu juger qu'il n'en était pas tout à fait de même... Je rejoignais ma section sur la ligne de feu quand trois balles qui m'étaient nettement destinées m'ont forcé à faire le salut. Ah ! ce mouvement instinctif de baisser la tête, comment l'éviter? ou bien encore, celui de hausser les épaules comme si cela devait protéger le citron? C'est plus fort que soi !... Il fallut, pendant près de deux heures, avancer au milieu d'une terre grasse détrempée et de champs de betteraves et progresser par bonds sur une profondeur de plusieurs kilomètres ».

A l'aile gauche, les Bretons firent honneur à la vieille réputation de leur race. Le 219e (de Brest) commandé par un Alsacien, le lieutenant-colonel Sthull — lequel a été blessé deux fois depuis le début de la guerre, — attaquait vigoureusement entre Beugnâtre et Beugny. Les régiments d'artillerie qui accompagnaient les deux divisions soutinrent admirablement l'action offensive de l'infanterie et les 75 donnèrent un joli concert. Sous leur feu et devant l'impétuosité de nos réservistes que deux jours et deux nuits de marche et de fatigues, un temps orageux, et la soudaineté d'événements insoupçonnés au départ de Paris, n'avaient pas démoralisés, ni même ébranlés, les masses allemandes, grisées par leurs victoires précédentes et qui croyaient gagner Amiens sans coup férir, subirent un fléchissement sensible et un temps d'arrêt. La première journée de la bataille de Bapaume (27 août), fut un succès pour nos armes. L'ennemi avait cédé sur toute la ligne et les derniers éléments boches qui s'étaient retirés et retranchés dans le bois de Beugny, en furent délogés le soir après une belle charge à la baïonnette par des fractions du 307, du 308 et du 250.

Joyeux et fiers de leur avantage, nos soldats défilèrent la tête haute et en présentant les armes, devant le mouvement élevé sur une crête voisine du bois, à la mémoire de leurs aînés de 1870, qui avaient arrosé ces mêmes lieux de leur sang.

Succès sans lendemain, ou plutôt suivi d'un triste lendemain... La bataille, toute locale, livrée à Bapaume ne pouvait avoir d'autre but que d'*accrocher* l'ennemi et d'entraver ses mouvements. Elle décelait, sans doute, le souci du commandement de peser sur le flanc droit de l'ennemi pour l'obliger à infléchir vers le sud-est. Déjà en même temps, le gros de nos armées battait en retraite vers la Marne. Les divisions qui opéraient dans l'Artois reçurent-elles l'ordre de rallier le mouvement général ? En tout cas, au lieu d'imiter le système allemand et de se retrancher sur le terrain, qu'elles avaient si chaudement disputé et gagné la veille, elles repartirent, le 28, de bonne heure, dans la direction de Péronne. Quelques sections seulement furent détachées en flanc-garde et chargées de surveiller les environs tandis que défilaient les régiments, le train de combat et les convois. Au début tout alla bien. Le défilé se trouvait protégé par un épais brouillard qui devait d'ailleurs nous être fatal. En colonne par quatre, l'arme à la bretelle, les soldats marchaient vers Mesnil, Sailly-Saillinel, Moislains et Péronne. Quand soudain, traversant les bois de Manancourt et tout près d'atteindre la ferme du Gouvernement près de Moislains, le brouillard se dissipa et nos avant-gardes si heurtèrent aux lignes ennemies.

Avertis par leurs espions, les Boches avaient devancé notre mouvement ; dissimulés dans les tranchées hâtivement creusées dans les bois de Manancourt et autour de Sailly et de Moislains, ils attendaient nos soldats qui s'avançaient confiants... Les mitrailleuses et l'artillerie boche arrosèrent terriblement nos colonnes. Une mêlée furieuse s'engagea. Français et Allemands se fusillaient à bout portant. Vers 9 heures du matin, l'affaire battait son plein. Mais les nôtres moins nombreux, allaient être encerclés quand le 21e d'artillerie, dont les officiers furent admirables d'énergie et d'habileté, réussit à ouvrir une large brèche dans les rangs ennemis qui ne tinrent pas sous l'arrosage intense des 75. Une partie de la 62e division réussit à se frayer un chemin et à gagner Péronne. L'autre revint en arrière vers Bapaume et Arras.

Des éléments du vaillant 307e couvrirent la retraite dans cette dernière direction et défendirent résolument le village de Mesnil : « Tenez bon, les enfants, cria le jeune capitaine qui les commandait, gardez le village pour sauver le convoi ». Fait remarquable, au cours de cette belle défense de Mesnil, il n'y eut pas un tué et le convoi put échapper aux Boches et ramener nos blessés à Arras. La 62e division se reforma aux portes d'Arras et à Saint-Pol... Quant à la 61e, elle ne dépassa guère Sailly-Saillinel, se replia aussitôt, fit tête à l'ennemi dans les villages de Longueval, Flers et Combles, battit en retraite par Corbie, Amiens, Molliens-Vidame, camp d'Amiens et vint se reformer à Pontoise. Les deux divisions qui avaient reçu ensemble le baptême du feu aux journées de Bapaume se retrouvèrent, à la bataille de l'Ourcq, dans la glorieuse 6e armée du général Maunoury. Le mouvement à peine ébauché les 27 et 28 août sur le flanc droit de l'ennemi, devait triompher les 7 et 8 septembre. L'Artois gardera fièrement le souvenir des premiers combats qui se sont livrés sur son sol — préface de l'héroïque histoire dont il est resté le théâtre.

V

L'ODYSSÉE D'UN COMBATTANT DE BAPAUME [1]

(28 août-7 septembre 1914.)

... Après la malheureuse affaire de Moislains, mon régiment se repliait vers Arras. Les voitures encombraient les routes. Nous autres, nous marchions à travers champs, obligés à chaque instant de nous retourner et de faire le coup de feu pour contenir les Boches qui étaient littéralement sur nos talons... Il faisait une chaleur torride. Le ciel tombait sur nos têtes, un ciel de plomb, de fer et de feu. Journée terrible dont je conserve un souvenir torturant...

Ma section, disloquée à la suite d'un de ces

(1) Récit reconstitué d'après des notes recueillies de vive voix.

engagements sanglants que nous ne cessions de soutenir depuis le matin, escaladait une petite crête dominée par un moulin à vent à l'abri duquel nous devions nous reformer, remettre un peu d'ordre dans nos rangs, pour gagner ensuite Bertincourt. Nous allions, dispersés, « égaillés », les sinistres *mouches* bourdonnant à nos oreilles.

Au milieu des zon ! zon ! des balles, je distingue soudain un appel plaintif. Je m'approche. C'était un lieutenant grièvement blessé... Je le relève, et le couche près d'un arbre. Il restait un peu de vin dans mon bidon. L'officier boit, me serre la main et me dit adieu. Je ne pouvais songer à l'emmener. Les Boches étaient à 300 mètres de nous. Rester pour être tué ou fait prisonnier? Le lieutenant ne me le permit pas.

Seulement, il me fallait rejoindre mes camarades qui s'étaient éloignés rapidement. Je n'avais pas une seconde à perdre. En me retournant, j'aperçois les casques à pointe qui s'avancent par delà un pli de terrain. On m'a vu aussi, et les balles sifflent nombreuses. Comment suis-je passé à travers leur nappe serrée?...

Je pars d'un bond et, au pas de course, je mets rapidement une bonne distance entre les Boches et moi. Ma section n'était plus au moulin, point de repère trop facile pour l'ennemi. Je dévale au grand galop l'autre versant du petit mont qu'il couronnait, lorsque, tout près de rejoindre mes camarades et ne voyant plus que la ligne mouvante de nos troupes en retraite, je ne pris pas garde à un fossé profond qui séparait deux pièces de terre et fis une chute brutale, accentuée par la vitesse de mon élan et le poids de mon équipement. Une douleur subite et violente au pied gauche me renseigna immédiatement... J'avais une sérieuse entorse. Mais plus forte que la souffrance, la volonté d'échapper aux Boches me remit sur les jambes, et clopin-clopant, m'aidant de mon fusil comme d'un bâton, je parvins à rallier mon régiment au delà de Bertincourt, sur la route d'Arras.

Mon régiment? Je devrais dire les débris, mélangés, confondus avec des soldats d'autres unités... Ils escortaient le convoi qui s'allongeait en une file interminable de voitures régimentaires, de camions, de caissons et de chariots de culture sur lesquels on avait entassé les blessés. Ma course à travers champs, avec un pied foulé, m'avait exténué. Je m'arc-boutai à l'arrière d'un char de paysan et suivis tant bien que mal...

Tout à coup un cri s'éleva : « *Les* voilà ! » cri de terreur qui réveilla dans l'esprit des malheureux blessés la vision tragique de la bataille. Au même moment, une grêle de balles vola dans l'air, tout autour du convoi. La situation était critique. Les Boches approchaient. De notre côté, les chefs manquaient : un grand nombre d'officiers étaient tombés face à l'ennemi, ou avaient été fait prisonniers. Comprenant le danger, qui imposait des décisions immédiates, un adjudant prit le commandement, groupa tous les soldats valides, fit approvisionner les fusils, et organisa la défense de la retraite. Je lâchai mon siège, d'ailleurs peu confortable, et trop heureux de cette occasion de descendre quelques casques à pointe et de venger les camarades tombés, je me joignis à ceux qui allaient faire le coup de feu.

Nous nous déployons en tirailleurs,et couchés dans le fossé de la route, nous répondons vigoureusement à la fusillade de l'ennemi. Nous faisions face à celui-ci. Notre ligne mince, mais bien abritée par le terrain, couvrait le convoi. Il nous suffisait de tenir quelque temps pour le sauver, d'autant que nous ne devions avoir à faire qu'aux avant-gardes allemandes lancées à notre poursuite. Notre feu était nourri et meurtrier. Surpris par notre résistance et, par ailleurs, menacés de flanc par une section qui était accourue prendre position dans un champ, à notre gauche et dont le tir convergeait très efficacement avec le nôtre, les Boches s'arrêtèrent, et pour ne pas rester exposés en plein feu, se replièrent prudemment.

Ce mouvement de recul et ce temps d'arrêt furent notre salut. Tandis qu'une section de fantassins formait l'arrière-garde et protégeait le mouvement, le convoi s'éloigna au galop, dans un fracas assourdissant de cris, de jurons, de piaffements de chevaux, de voitures heurtées, de roues grinçantes... Un nuage de poussière nous enveloppait. La faim, la soif, la poussière, la fatigue, la surexcitation du combat, tout faisait danser devant nos yeux l'image déjà confuse du spectacle que nous offrions. On se voyait à peine. On s'interpellait. On marchait quand même... Ma blessure cependant me rendait la route de plus en plus pénible. Je ne tenais plus debout qu'au prix d'efforts inouïs, et il n'y avait de place dans aucun véhicule.

Dans le brouhaha général, je rencontre un artilleur ; il est seul, à cheval ; sa batterie a été prise par l'ennemi ; les servants ont tout juste eu le temps de briser les culasses, de rendre les canons inutilisables et de sauver les chevaux... Vainement, l'artilleur essaye de me prendre en croupe ; mon pied, gonflé, étranglé par le godillot, me refuse tout service. C'est une douleur atroce, lancinante et stupide. Alors, je m'accroche à la queue du cheval, je ramasse mes forces et, résolu à tout plutôt que de me laisser défaillir et d'être ramassé par les Boches, je me fais traîner, sautant sur une jambe, heurtant les cailloux, bondissant avec l'animal ; bref, je trouve l'énergie de rester cramponné à la queue du cheval et de faire ainsi plusieurs kilomètres...

Il me fallut tout de même lâcher prise. Je roulai à terre, aveuglé, à demi évanoui. Revenu à moi, après un court repos, je voulus marcher encore. Par un miracle de volonté, je réussis à faire deux ou trois cents mètres. Mais je sentais que c'était tout ; le cœur s'en allait ; j'étais à bout de forces. Autour de moi, il n'y avait plus personne, la route était déserte ; au loin, j'entendais les derniers échos d'une fusillade mourante... Quand, soudain, par une chance providentielle, un fourgon arriva — un fourgon chargé de pain, ô ironie ! Les tringlots qui le conduisaient me recueillirent, me hissèrent sur le tas de « boules » et, quelques heures plus tard, me déposaient aux portes d'Arras. Je venais de vivre un affreux cauchemar, et je me demande encore comment j'en suis sorti.

J'étais sauvé, mais non pas quitte. Mon incroyable odyssée ne devait pas prendre fin aussi rapidement. Dans le faubourg d'Arras où j'étais arrivé, nous étions une foule de blessés, d'éclopés, de soldats fourbus, déprimés, ayant perdu leurs régiments, et à chaque instant des charriots déversaient leur lamentable chargement dans ce flot grossissant. Les habitants s'empressaient autour de nous, nous apportaient à boire et des fruits. D'autres attendaient, silencieux, consternés, avec l'appréhension secrète de tristes événements, et regardaient passer les voitures innombrables, et les bataillons qui revenaient à pied, les soldats en sueur, les yeux brillants de fièvre, les capotes et les manchons des képis fripés, poussiéreux, boueux. On comprenait que quelque chose de grave s'était passé. Les blessés ne disaient rien, ou, stoïques, rassuraient la généreuse population arrageoise.

On nous répartit par groupes. J'étais avec d'autres éclopés, dans une grande fourragère qui nous conduisit à la gare, puis à l'hôpital Saint-Jean. On n'y recevait que les blessés grièvement atteints. A la caserne du 33e, transformée en vaste ambulance, on ne voulut pas davantage de nous. Il n'y avait plus un coin disponible. Allais-je être condamné à errer dans Arras, en quête d'un gîte? Écrasé dans la fourragère, le pied en feu, je ne pouvais plus tenir. On me descendit. Des braves gens s'en furent chercher un siège, me firent prendre un peu de nourriture, et une bonne vieille, image vivante de la chanson de Déroulède, sut dénicher dans Arras où personne n'en aurait rencontré, un fiacre — un fiacre libre, qui m'emmena à l'ambulance du Moulin Saint-Jacques. Le soir de cette terrible et mouvementée journée du 28, quand je me vis dans un lit blanc, le corps allégé du fardeau de l'équipement, le pied libre de son garrot et bien pansé, j'eus la sensation de sortir d'un bain de fièvre, de flammes brûlantes, et je remerciai bien sincèrement les dévouées infirmières qui nous soignaient.

Cependant la situation générale était loin d'être rassurante. On prévoyait que d'un instant à l'autre, les Allemands entreraient dans Arras et l'autorité se préoccupait de faire évacuer tous les blessés transportables. Le 30 août, un premier convoi fut dirigé sur Saint-Pol. A la surexcitation nerveuse de la veille, avait succédé chez moi un abattement complet.

J'étais trop faible pour songer à m'en aller. Mais je me promettais bien de partir, coûte que coûte, le lendemain.

Le lendemain (31 août) ce fut trop tard... Nous étions prêts. Des autos devaient venir nous prendre. Nous comptions rejoindre les autres blessés à Saint-Pol. Au dernier moment, il y eut contre-ordre. Nous apprîmes par des civils l'arrivée des premières patrouilles allemandes. La perspective d'être prisonnier des Allemands me hantait depuis que j'étais tombé si malencontreusement à Bertincourt. Je leur avais, en somme, glissé une première fois entre les mains. Étais-je maintenant à Arras comme dans une souricière?... J'enrageais, et cependant, malgré tout, il me restait un secret et inexplicable espoir.

La nuit était venue. Nous savions que les Boches étaient allés dans plusieurs hôpitaux de la ville (1), mais, au Moulin Saint-Jacques, nous n'avions pas eu leur visite. Vers 11 heures, nous fûmes réveillés en sursaut. On frappait violemment à la porte de l'ambulance. Il n'y

(1) Voir le chapitre : *Les Allemands à Arras.*

eut qu'une pensée et qu'un cri : ce sont les Boches ! Nous hésitions à ouvrir. Du dehors, les appels se firent plus pressants. On distinguait aussi des ronflements d'autos. Certains blessés frissonnaient de peur. Enfin la porte livra passage aux bruyants et nocturnes visiteurs... « Vite ! vite ! Levez-vous !... Les Boches sont partis... Nous vous emmenons à Lille... Vite... Avant qu'ils ne reviennent... » Je ne me le fis pas dire deux fois et malgré ma « patte folle », j'étais un des premiers prêts.

Nous roulions sur la route de Lens. Il faisait une nuit d'encre. Les autos filaient bon train. Mais... qu'est-ce encore? Nous étions à peine sortis d'Arras. Et déjà les chauffeurs se crient les uns aux autres d'arrêter. Des pas lourds, un bruit d'armes, des fusils qui frappent le sol, des mots brefs et rudes échangés. Muets, immobiles au fond des voitures, nous avons deviné. « Baissez la vitre ! » ordonne une voix dans la nuit, et casqué, drapé dans son manteau, revolver au poing, un officier boche, suivi de quatre hommes, baïonnette au canon, s'approche. La lumière d'une lampe de poche électrique nous aveugle. L'inspection est rapide, ponctuée d'une sorte de grognement. Il n'y a que des blessés ! Quand le groupe peu sympathique s'éloigne, je me penche par la portière. Des deux côtés de la route, des factionnaires allemands montent la garde. Que va-t-on faire de nous?... Sales oiseaux de nuit, c'est la première fois que je les voyais d'aussi près. Là, seulement à quelques mètres. Et nous, impuissants, presque prisonniers dans ces autos.

Nous n'attendîmes pas longtemps. Les moteurs ronflèrent. Il y eut quelques secondes d'angoisse. Quelle direction prenions-nous?... Arras, c'était la captivité. Mais non ! Les autos démarrent tout droit ! En avant pour Lille. J'en conclus que nous venions d'être arrêtés par un poste isolé, et que, soit manque d'instructions, soit manque d'hommes pour nous faire encadrer et conduire dans les lignes ennemies, l'officier allemand, aprês s'être assuré que c'était bien un convoi de blessés, nous laissait continuer librement notre route.

A une heure du matin, nous arrivions à Lille. La ville était calme. Personne dans les rues.

On nous répartit de suite dans divers hôpitaux. Je fus transporté à l'hôpital général.

Le mercredi 2, la journée s'était passée sans incident. C'était trop beau... Le soir, un mot courut dans les chambres ; il résumait toutes nos frayeurs et le souvenir des alertes qui nous avaient déjà secoués : « On va *les* revoir !... » On se racontait qu'ils ne devaient pas être loin, que le maire, M. Delesalle, avait ordonné à tous les hommes mobilisables de quitter Lille sur-le-champ. Et de fait, vers 9 heures du soir, les infirmiers de l'hôpital partaient pour Dunkerque. Il ne resta pour nous soigner que des sœurs et des dames de la Croix-Rouge. Les majors avaient laissé leurs uniformes pour s'habiller en civils. L'hôpital tout entier s'efforçait de dépouiller son appareil militaire. La crainte du Boche flottait dans l'air et resserrait entre tous, médecins, religieuses, infirmières, blessés et malades, les liens de l'intimité que crée le danger. Nous n'avions plus de journaux. Amicalement, les médecins nous rapportaient les nouvelles et les bruits qui circulaient dans Lille.

Le jeudi, l'occupation allemande était un fait accompli. Les premières patrouilles étaient arrivées dans la matinée. L'après-midi, l'état-major s'était installé à l'hôtel de ville et à la préfecture et avait fait apposer des affiches en allemand et en français pour annoncer aux Lillois les grandes victoires remportées sur tous les fronts par les armées allemandes (1), et les

(1) Voici le texte de la proclamation allemande :

L'armée du prince héritier de l'Allemagne continue sa marche sur la Meuse. Le commandant de Montmédy a été fait prisonnier avec toute la garnison. La forteresse est tombée.

L'armée du prince de Bavière et du général de Heeringen combattent toujours dans la Lorraine française.

La victoire du général de Hindenburg contre les Russes est de plus grande importance qu'on l'avait d'abord pensé. Malgré une attaque de nouvelles forces de l'ennemi la défaite des Russes est complète.

Trois corps d'armée sont anéantis ; 60 000 prisonniers avec 2 généraux commandants de corps d'armée, beaucoup de canons et de drapeaux sont tombés en nos mains.

Les forces russes au nord de la Prusse se retirent.

L'armée du général de Kluch a repoussé une attaque de faible force française par un corps d'armée dans le voisinage de Combles

L'armée du général de Bulow a battu complètement les forces françaises numériquement supérieures près de Saint-Quentin après avoir fait prisonnier un bataillon anglais.

L'armée du général de Hansen a repoussé l'ennemi sur l'Aisne près de Rethel.

L'armée du duc de Wurtemberg qui avait d'abord passé la Meuse en surprenant l'ennemi, fut ensuite obligée de se retirer

informer que dorénavant ils devaient se considérer comme sujets allemands et que les nouveau-nés seraient inscrits sur les registres de l'état civil allemand.

Ces détails nous amusaient et provoquaient nos plaisanteries, plus qu'ils ne nous indignaient. Quoique séparés du reste de la France et du monde, nous gardions une foi invincible dans la victoire française et tout le bluff mensonger des Boches n'était pas pour nous émouvoir. Nos dévoués médecins, par leur exemple et leurs encouragements, maintenaient intact notre moral. Ils nous disaient d'ailleurs qu'en dépit de la présence des envahisseurs, la population lilloise conservait tout son calme, que le maire était admirable de sang-froid et d'énergie, de même que le préfet et tous les otages pris par les Boches (1).

sur la rive opposée du fleuve, mais à la fin, elle a de nouveau gagné le passage de la Meuse.

Elle s'avance maintenant vers l'Aisne.

Le fort des Avelles s'est rendu.

(1) J'emprunte au *Nord Maritime* ces détails sur l'occupation de Lille et la courageuse attitude de M. Delesalle :

Comme M. Delesalle, par un geste familier, gardait une main dans sa poche en causant avec l'officier supérieur, celui-ci, d'un ton hautain, lui aurait fait remarquer sa mauvaise tenue devant

Le vendredi, nous nous préparions à recevoir la visite de quelque officier ou major allemand. Nous avions fait disparaître soigneusement les souvenirs et objets pris sur le champ de bataille et que beaucoup d'entre nous avaient rapportés de Bapaume et d'Arras. Il n'était bruit dans Lille que de la fâcheuse aventure survenue à un jeune étudiant en médecine arrêté par les uhlans au moment où il s'enfuyait de Lille, trouvé porteur d'une satire populaire éditée au début

un officier allemand, et un autre officier, également outré, aurait même tiré un revolver en menaçant le magistrat.

Ils exigèrent alors pour les villes de Roubaix, Tourcoing et Lille *une contribution de guerre de cent millions de francs* et pour en assurer le versement ainsi que pour garantir leur propre sécurité et celle de leurs hommes, ils prirent comme otages le maire, les adjoints et le préfet.

Après avoir arrêté les termes de la proclamation précitée et réglé pendant l'occupation allemande, l'administration et la police de la ville, règlement qui fut affiché sur les murs de la préfecture, de la mairie et d'autres monuments publics, les Allemands réquisitionnèrent 2 500 automobiles.

Le maire leur répondit qu'ils demandaient l'impossible et qu'ils n'avaient qu'à prendre toutes celles qu'ils trouveraient.

C'est ce qu'ils firent, furetant partout, entrant sous les portes cochères et réunissant bientôt au milieu de la place toutes les automobiles restant dans Lille, 2 ou 300 environ.

Ils ne molestèrent pas les habitants, mais aux portes de la cité, un soldat allemand, aidé d'un agent de police sans armes, car les envahisseurs avaient exigé le désarmement des sergents de ville, visitait les paquets de tous les hommes entrant dans la

de la guerre : « Le testament de Guillaume » et illustrée d'une caricature du kaiser, et pour ce crime traduit en conseil de guerre et condamné à mort par les irascibles Teutons. S'ils avaient trouvé dans les affaires des blessés casque, bidon ou ceinturon « made in Germany » et importés en France par leurs bandes armées, à quelle répression sauvage leur colère ne se serait-elle pas livrée?... Cependant ni le vendredi, ni le samedi, nous ne vîmes face tudesque inquisitionner à l'hôpital général.

ville et quand dans ces paquets se trouvait un livret militaire, le porteur, considéré comme combattant, était immédiatement emmené en prison.

Voici d'autre part un extrait d'un procès-verbal dressé par M. Piquet, professeur de langue allemande à l'Université de Lille, qui relate la manière dont MM. Trépont, préfet du Nord, et Borromée, secrétaire général de la préfecture, furent traités par les Allemands :

Le 5 septembre, il arrive à la préfecture de Lille avec le lieutenant du 12e hussards von Oppel, dont il était l'otage personnel. Au pas de course, le lieutenant fait le tour de la préfecture, disposant des sentinelles aux issues. Arrivé à la porte qui donne sur le boulevard de la Liberté, il sonne et demande où est le préfet. Quatre à quatre, nous montons les escaliers et arrivons au fumoir accompagnés de M. Gimat, conseiller de préfecture, rencontré sur notre chemin. Le préfet est assis près de sa table avec le secrétaire général, M. Borromée, assis en face de lui.

Le lieutenant se jette sur M. Trépont, le renverse brutalement sur le bras de son fauteuil, en criant : « Vous préparez la mobilisation ! Vous avez pris la fuite ce matin. » Tenant tou-

Le samedi soir, le major-chef arrive en coup de vent et, la mine joyeuse. « Bonne nouvelle, les enfants !... Les Boches f... le camp ! » On presse de questions le messager de notre délivrance. Il nous apprend que la cavalerie anglaise a occupé Armentières, que des estafettes se sont avancées jusqu'aux portes de Lille, que les Anglais ont sommé les Boches de se retirer de Lille et qu'ils leur ont donné quatre heures pour l'évacuer... Quoiqu'il en soit, les

jours M. Trépont, le lieutenant lui serre la gorge des deux mains, lui arrache son col en répétant : « Vous préparez la mobilisation ! » Pendant ce temps, un soldat saisit M. Borromée à la gorge, lui cogne violemment la tête et lui porte des coups de crosse. M. Trépont se relève : « C'est indigne, cette brutale agression, s'écrie-t-il. Vous êtes un officier allemand, vous? » Le lieutenant furieux, réplique : « C'est bien ! Vous allez être fusillé ! » Il fait préparer les armes à ses hommes. Violemment, M. Trépont et M. Borromée sont poussés vers le mur du fond.

Le lieutenant sort un bandeau de sa poche et le pose sur les yeux de M. Trépont, puis, se ravisant, il remet ce bandeau dans sa poche, revient près de la table et procède à un véritable interrogatoire. Le moment est effroyablement angoissant. Enfin sur son intervention énergique et mes protestations véhémentes, le lieutenant, revenant subitement à la raison, s'exclame, s'adressant à M. Trépont et à M. Borromée : « Eh bien ! vous irez à Magdebourg ! Préparez vos valises. »

J'ai admiré au cours de ces scènes angoissantes, la fermeté, la noblesse, la tranquillité et le courage de MM. Trépont, Borromée et Gimat. Leur calme héroïque ne s'est pas démenti un instant.

Boches s'en vont, la kommandatur a déménagé de l'hôtel de ville, les Barbares qui avaient réclamé 100 millions de dommages-intérêts à Lille-Roubaix-Tourcoing, renoncent à leurs prétentions et reprennent le chemin de bocherie... Hurrah pour les Anglais !

La nouvelle apportée par le docteur était exacte, du moins quant au fond. Sinon reconquise par les Anglais, Lille était bel et bien abandonnée par les Allemands. Le dimanche 6 septembre, après quatre jours d'occupation ennemie, Lille recouvrait la liberté. Avec quelle allégresse, les habitants se réveillèrent ce matin-là. Pour moi, une fois de plus, tout près de sentir l'étreinte de la griffe redoutée et détestée, je respirais encore librement. Mon bonheur fut à son comble quand on vint nous avertir que, dès le jour même, tous les blessés transportables seraient emmenés à Dunkerque.

Quoique très faible, je pus faire avec d'autres blessés, à pied, la route de l'hôpital à la gare de Saint-André-les-Lille où l'on nous embarqua. A la vue des uniformes français, une manifestation grandiose et inoubliable se produisit dans les rues de la grande ville. Les habitants étaient fous de joie et d'enthousiasme. Nous marchions accompagnés, portés presque, par une foule en délire. On nous jetait des fleurs, des bouquets entiers ; les femmes en ornaient nos képis et nos musettes. Les enfants nous embrassaient et sautaient à nos côtés. On bourrait nos poches de victuailles et de friandises, et même d'argent. Un vieillard, les yeux en larmes, s'approcha de moi et m'obligea à accepter une pièce blanche, en me disant : « J'ai fait 70... Je ne suis plus bon à rien maintenant... Mais je veux que tu trinques à ma santé avec tes camarades. » Les cris de « Vive la France ! » éclataient, alternant avec la *Marseillaise*. Les soldats étaient heureux et émus par ces marques d'affection et de reconnaissance. Jusqu'à la gare, ce fut une ovation, une marche triomphale.

Le soir nous arrivions à Dunkerque. La grande cité de Jean-Bart nous reçut avec la même cordialité joyeuse. Je touchai au terme de mon odyssée fertile en péripéties mouvementées, enrichi durant ces quelques jours de souvenirs inoubliables pour la vie. Le lundi nous prenions place au nombre de plusieurs milliers — territoriaux, réservistes, rescapés des batailles du Nord, blessés, malades, etc., — à bord du *Champagne*, et après une traversée agitée par une mer mauvaise, nous débarquions à La Palisse. Les premiers journaux qui tombèrent sous nos yeux, nous apprirent que la ruée des Barbares dont la fougue torrentielle avait débordé notre résistance en Artois, s'était enfin brisée contre le brusque retour offensif de nos armées victorieuses sur la Marne. Et cette heureuse nouvelle fut le meilleur remède à tant de fatigues, de souffrances et d'émotions que nous venions d'endurer.

VI

LES ALLEMANDS A ARRAS

(31 août-8 septembre 1914.)

Quand les souris mangeront les chats,
Le roi sera seigneur d'Arras.

Les Allemands n'ont pas fait mentir le vieux dicton arrageois. Ils ont occupé Arras quelques jours. Ils n'en ont pas été les maîtres. Et c'est de dépit que, n'ayant pu y rester ni y revenir, ils ont résolu ensuite de détruire la ville qui les narguait...

Le lundi 31 août, pour la première fois, les habitants virent de près les futurs assassins de leur beffroi et de leur cité. Il était environ 3 heures de l'après-midi. De Tilloy, une auto-mitrailleuse escortée de cinquante cyclistes et suivie d'une seconde auto, occupée par deux officiers et un médecin-major, déboucha de Tilloy dans le faubourg Saint-Sauveur. L'auto-mitrailleuse s'arrêta dans le faubourg pour surveiller l'entrée de la ville par cette route.

La petite troupe de cyclistes et la seconde auto gagnèrent l'hôtel de ville et firent halte sur la Petite Place. Les officiers et le major pénétrèrent seuls dans le grand édifice historique où ils furent reçus par M. le maire d'Arras et par le commissaire de police. Ils venaient réclamer un neveu du kaiser qui, prétendaient-ils, était hospitalisé dans une ambulance d'Arras. Et tandis qu'ils parlementaient avec les autorités françaises, de nombreuses personnes, intriguées par l'arrivée des Boches, étaient accourues sur la Petite Place et regardaient avec curiosité les soldats restés dehors. Il y avait parmi ceux-ci un Boche « kolossal », véritable Goliath teuton, qui, de sa haute taille, toisait les gens et s'approchant d'un petit groupe d'hommes, comparait dédaigneusement leur taille à la sienne. David et Goliath, en effet. Et comme les Arrageois, types caustiques, à l'accent railleur, ne manifestaient ni effroi ni admiration devant ce monstre charnu, mais seulement une curiosité ironique, l'immense soudard, élevant au-dessus de sa tête trois doigts pareils à des saucisses de Francfort, mâchonna d'une voix épaisse et d'un air menaçant : « Dans trois jours, nous à Pariss, Pariss !... »

Les officiers sortirent de l'hôtel de ville, accompagnés du commissaire de police et d'un garde civique. Un coup de sifflet, et l'auto ronfla. La troupe partit à la visite des hôpitaux et à la recherche du personnage considérable que les Boches avaient l'ordre de ramener.

A l'hôpital Saint-Jean, — qui, depuis, s'écroula sous les obus allemands — première visite. Les officiers inspectèrent les salles, mais inutilement. A l'ambulance du Saint-Sacrement, qui était installée dans l'immeuble du nouveau grand séminaire, rue d'Amiens, nouvelle inspection, sans plus de résultats. Une autre ambulance, près de la Préfecture, reçut également la visite des officiers boches. Le neveu du kaiser demeura introuvable. En réalité, il avait bien été hospitalisé à Arras, mais il avait été évacué deux jours auparavant. Sage mesure !

Vers 6 heures, les officiers renonçant à leurs investigations revinrent sur la Petite Place. Ils ramenaient avec eux un médecin-major français qu'ils traitèrent avec courtoisie. A 7 heures, Boches, auto, bicyclettes se remettaient en mouvement et s'éloignaient d'Arras par le même chemin par où ils étaient venus. Les milliers de curieux, accourus de tous les points de la ville pour voir les casques à pointe, s'en retournèrent chez eux avec la conviction que les Allemands ne reviendraient plus.

Les illusions des trop confiants Arrageois s'envolèrent bientôt. Dès le lendemain, en effet, et les jours suivants, des patrouilles boches revinrent en ville. Tantôt, elles ne faisaient que traverser Arras, s'assurant qu'il n'y avait pas de troupes françaises, ni de préparatifs inquiétants, tantôt elles s'arrêtaient, et pour faire impression sans doute sur les curieux qui se pressaient toujours sur leur passage, et leur donner une idée de la puissance irrésistible de l'armée allemande, elles exécutaient des mouvements d'ensemble avec maniement d'armes. Certaines patrouilles firent aussi quelques réquisitions. Les Arrageois n'étaient nullement effrayés par ces allées et venues incessantes. Ils ne le furent pas davantage quand, le 2 septembre, vers une heure de l'après-midi, ils virent défiler un régiment allemand tout entier qui traversa Arras sans s'arrêter, au pas de parade et au chant du *Deutschland über alles.*

Le 4 septembre, à midi, une troupe allemande, évaluée à 1 200 hommes, commandée par un général de brigade, entrait dans Arras par la rue de Lille. Elle devait séjourner quelque temps dans la ville. Les soldats s'installèrent aussitôt dans les casernes et à la citadelle, tandis que les officiers descendaient à l'*hôtel du Commerce* — où ils logèrent pendant tout leur séjour — et commençaient par se faire servir un copieux déjeuner. L'après-midi, deux officiers, conduits par le commissaire de police, se rendirent à la préfecture et firent le préfet prisonnier sur parole. Dans la soirée, les soldats se répandaient à travers les rues d'Arras et dans les estaminets et cafés, où d'ailleurs ils payèrent intégralement le prix de leurs consommations. Il n'y eut aucun incident fâcheux à déplorer. Quoique déjà habitués à la vue des uniformes allemands, les Arrageois demeuraient étonnés et curieux, mais sans frayeur ni timidité. Les Boches se plaisaient à répéter qu'ils ne feraient de mal à personne, ni de dégâts nulle part, car, disaient-ils, « Arras à nous pour toujours !... » Et pour bien enfoncer cette conviction dans l'esprit des habitants, ils firent apposer, le lendemain, des affiches relatant leurs glorieux faits d'armes, énumérant leurs victoires et annonçant l'écrasement définitif de la France et de la Russie et le triomphe des armées du kaiser. Bien que séparés du reste de la France et du monde, sans journaux, sans nouvelles autres que les bruits incertains colportés des villages voisins par les rares paysans qui venaient en ville, les gens d'Arras ne se laissèrent ni éblouir, ni ébranler non plus dans leur confiance patriotique, par ces proclamations mensongères et tapageuses. Plus indignés qu'émus, certains commirent même, la nuit, le geste irréfléchi d'arracher les affiches ou de les recouvrir d'inscriptions blessantes pour l'orgueil teuton. Le général allemand, qui faisait fonctions de commandant d'armes, entra dans une belle colère, et intima au maire l'ordre de faire placarder un avis à la population, portant défense à quiconque de lacérer ou de commenter les affiches allemandes *sous peine d'être fusillé!* La prose boche est sacro-sainte...

Pour qui connaît à la fois l'irritabilité fatale des Boches et l'esprit frondeur, volontiers sarcastique du peuple artésien, l'affaire pouvait devenir grave. Elle n'eut pas le temps de se gâter. Dans la nuit du 7 au 8 septembre, une nouvelle courait joyeusement dans les vieilles maisons où les Arrageois n'étaient pas encore endormis. L'on ne dort jamais que d'un œil dans ces moments de l'histoire et de la vie. « Ravise ! » (1) chuchotaient les gens derrière leurs volets clos et dans l'obscurité... Et ils « ravisaient » à tour de rôle, et leurs yeux, étonnés, apercevaient les Allemands qui passaient en courant, se transmettaient des ordres, semblaient en proie à la fièvre du départ, et d'un départ précipité. De fait, vers 3 heures du matin, c'était la fuite

(1) Regarde.

en vitesse, sans tambour ni trompette. Les Allemands avaient reçu l'ordre d'abandonner immédiatement Arras qu'ils disaient si bien à eux « pour toujours ». La raison? On la devine : sur la Marne, nos troupes victorieuses avaient arrêté, puis refoulé les Barbares. Partout, leur flot devait reculer.

Des personnes de bonne foi ont affirmé qu'avant de partir, le général allemand s'en fut à la mairie réclamer 1 000 francs afin de payer à l'hôtel du Commerce les dépenses faites par les officiers. On remit la somme au général, mais au moment du départ, il l'*oublia* dans sa poche comme par hasard, et l'hôtelier et la mairie en furent pour leurs frais.

Un détachement ennemi resta jusqu'au lendemain matin (8 septembre), pour surveiller l'évacuation des blessés français que les Boches emmenaient prisonniers. Les soldats allemands, chargés de ce soin, parcoururent les hôpitaux et ambulances, firent habiller en hâte nos pauvres blessés, et, comme des brutes, arrachèrent les pansements de ceux qui se disaient incapables de se lever. On les groupa sur la place de la gare, avec les infirmiers qui les soignaient. Plusieurs dames de la Croix-Rouge poussèrent le dévouement jusqu'à refuser de se séparer de leurs blessés et partirent avec eux. Le départ ne s'effectua qu'à midi. Ce groupe pitoyable était là depuis le matin 6 heures. La population, généreuse et vaillante, entourait ces malheureux dont quelques-uns faisaient peine à voir tant ils souffraient. Des personnes charitables allèrent chercher des provisions et des douceurs que les blessés partagèrent avec leurs gardiens. Voyant arriver l'officier qui commandait le détachement, une sentinelle avertit une brave femme qui apportait une bouteille de vin, et lui dit en patois : *Muche* ! *Muche* !... (En français : Cache ! Cache !) Les témoins de ce menu incident en conclurent, et c'est vraisemblable, que les Boches avaient choisi pour l'occupation d'Arras des soldats qui connaissaient bien le pays pour l'avoir habité avant la guerre. Vers midi, le détachement, encadrant les blessés français, partit dans la direction de Cambrai. La plupart des blessés durent faire la route à pied ; les moins valides furent emmenés dans des charriots.

Lorsqu'il n'y eut plus d'Allemands dans Arras, la curiosité publique se porta naturellement vers les lieux qu'ils avaient occupés. Les casernes, la citadelle, diverses maisons étaient dans un état de malpropreté qu'on devine. A l'hôtel des Postes, ils avaient brisé les appareils télégraphiques, coupé les fils et scié les câbles ; à la gare, pillé le buffet et un wagon de l'économat rempli de marchandises. Mais en somme, ils n'avaient pas eu le temps de faire trop de dégâts ni de molester la population.

Durant les jours qui suivirent, on vit encore quelques patrouilles. Elles poussaient une reconnaissance en ville et disparaissaient aussitôt.

Le 15 septembre, les troupes françaises reprenaient possession d'Arras : c'était notre superbe cavalerie algérienne, les hardis goumiers à la silhouette élégante, à la mine fière et bronzée, aux petits chevaux fringants et rapides comme le vent. Ils exercèrent une police vigilante dans toute la région et les uhlans ne revinrent plus.

Tels sont les principaux événements de la période la moins connue de l'histoire d'Arras durant cette guerre. Nous racontons d'autre part les batailles qui précédèrent le bombardement criminel dont la glorieuse cité fut ensuite la victime.

VII

PÉRONNE

27 septembre 1914.

Le communiqué officiel du 24 annonce que nos troupes ont réoccupé Péronne et repoussé de vives attaques de l'ennemi. L'héroïque petite ville à qui le Président de la République remettait solennellement, il y a quelques semaines, la croix de la Légion d'honneur, aura ajouté dans cette guerre une page glorieuse à son histoire, déjà illustrée par deux sièges mémorables.

Péronne a revu les Allemands en 1914 et elle en a souffert. Ils arrivèrent le 28 août vers 3 heures de l'après-midi. Les dragons et les chasseurs alpins essayèrent de leur disputer l'entrée de la ville. Pendant plus d'une heure, ils arrêtèrent l'élan des ennemis et permirent à la retraite des Français de s'opérer en assez bon ordre.

Les Allemands avaient établi des batteries d'artillerie dans les bois de Racogne qui dominent Péronne, à l'est, sur la rive gauche de la Somme. Au feu nourri des nôtres déployés en tirailleurs sur la rive opposée, et postés dans le faubourg de Bretagne, ils répondirent par un bombardement en règle. Les obus pleuvaient dans le faubourg de Bretagne où de nombreuses maisons furent incendiées. La fabrique de sucre, le village de Saint-Denis, les grandes fermes Cardon et Rousselle furent la proie des flammes. Une jeune femme fut tuée, sa mère, ses frère et sœurs grièvement blessés. Décimés par la canonnade, nos troupes durent se retirer à leur tour après avoir infligé à l'ennemi des pertes sérieuses.

A 5 h. 30 précises, les Allemands entraient dans Péronne de tous les côtés en poussant des cris de bêtes féroces et en tirant des coups de fusil dans les fenêtres pour terroriser les habitants. A ce moment, un pauvre infirme bien connu à Péronne sous le sobriquet de « Ch'tiot Benôt » traversait la Grand'Place sans se rendre compte du danger. Il fut lâchement fusillé.

Les Boches se rendirent à l'hôtel de ville et réclamèrent les autorités. Le maire, M. le docteur Boulanger, avait fui la veille, désertant à la fois son poste de premier magistrat et celui de médecin de l'hôpital (où se trouvaient de nombreux blessés). Le sous-préfet avait filé comme le maire. Il fut destitué quelques jours après, par décret. En l'absence de toute autorité civile, les Allemands incendièrent l'hôtel de la sous-préfecture, sur la Grand'Place et les maisons avoisinantes qu'ils aspergèrent de pétrole à l'aide de pompes, après quoi, ils lancèrent des grenades. Toute la Grand'Place de Péronne, qui constitue un bel ensemble artistique, eût été détruite, sans la courageuse intervention de M. le chanoine Caron, archiprêtre de Péronne, qui s'interposa, parlementa longuement avec les officiers allemands, et pris les premières dispositions pour que le passage des Barbares à Péronne ne marquât pas la fin de la vieille cité picarde. Trois administrateurs provisoires furent agréés par les autorités ennemies et chargés de gérer la ville. Ces trois administrateurs qui furent MM. l'archiprêtre Caron, Liné, conseiller municipal (seuls deux conseillers municipaux étaient restés à leur poste) et Joseph Marchandise, négociant, s'adjoignirent un conseil consultatif de douze membres. Les Allemands réclamèrent en outre, quatre otages qui furent MM. Tabary, Laîné (le second des deux conseillers restés à leur poste), Pouchard et Dinot ; mais après trois jours devant le calme des habitants, ils relâchèrent ces quatre premiers otages.

Péronne vécut du 27 août au 14 septembre sous la botte prussienne. Après une première nuit d'angoisse et d'épouvante — celle du 27 au 28 — éclairée sinistrement par la sous-préfecture, les maisons de la Grand'Place, celles de la rue Saint-Fursy et du faubourg de Bretagne qui achevaient de brûler, les Péronnais subirent toutes sortes de vexations de la part des occupants qui ne cessèrent d'ordonner des réquisitions. Toutes les maisons inhabitées furent soigneusement visitées, fouillées et dévalisées.

Les magasins dont les devantures étaient fermées, furent éventrées. Les Allemands se conduisirent à Péronne comme de véritables cambrioleurs. C'est ainsi qu'ils expédièrent en Allemagne des trains de mobilier volé dans les habitations vides.

Le samedi 5 septembre, se produisit un incident. Le major Magnus, qui dirigeait l'ambulance allemande, ordonna de faire transporter à Amiens un grand nombre de blessés français amenés à Péronne au lendemain des sanglantes batailles de Moislains et de Proyart. On avisa la Croix-Rouge d'Amiens. Vingt autos avec personnel sanitaire arrivèrent d'Amiens. Les infirmiers se disposaient à repartir avec les blessés évacués, quand sur un ordre du colonel von Kosser, commandant la commandature installée à la mairie de Péronne, tout le personnel sanitaire (médecins, infirmiers, aumôniers et automobilistes) fut fait prisonnier et les vingt autos confisqués. Pendant deux jours, du samedi 5 au lundi 7, les Amiénois restèrent enfermés à la caserne de Péronne, puis relâchés après que la ville de Péronne eût de nouveau constitué quatre otages pour répondre des infirmiers amiénois. MM. Drapier, Greisch, juge, Potel, avocat et l'abbé Victor, ancien vicaire de Péronne, venu avec les personnels d'Amiens chercher les blessés, se dévouèrent et tour à tour prirent la garde entre les sentinelles baïonnette au canon dans une maison voisine de la commandature. Les Amiénois regagnèrent leur ville à pied, les Allemands, avec leur honnêteté coutumière, ayant gardé les autos.

Du 7 au 14, les otages furent tenus à vue. Le 14 au soir, sur un ordre venu de l'état-major allemand installé à Chauny, la commandature déménagea précipitamment. Le colonel von Kosser monta à cheval et disparut au milieu d'un escadron de uhlans. Il ne resta dans la ville que quelques sentinelles et cyclistes qui toute la nuit sillonnèrent les rues.

Au petit jour, un détachement du 19e dragon rentrait dans Péronne. Nos soldats s'avançaient prudemment en rasant les murs. L'un des otages, M. l'abbé Victor qui, en constatant le départ de « Ponpon » et des Boches, s'était empressé de quitter sa prison volontaire, et prenait l'air sur la Grand'Place, aperçut le premier les cavaliers français. Il les mit au courant de la situation et courut prévenir l'archiprêtre M. Caron. A la vue de nos soldats, deux cyclistes allemands qui patrouillaient encore dans Péronne lâchèrent quelques coups de fusil et disparurent à toute vitesse. Seulement dans leur retraite, les Allemands avaient laissé l'ambulance à Péronne, avec un nombreux personnel qui comprenait notamment des diaconesses allemandes (religieuses protestantes), qui, pour la plupart, étaient armées de revolvers. Plusieurs infirmiers aussi étaient armés. Devant le mépris des conventions internationales, les dragons français firent prisonniers tout le personnel de l'ambulance allemande.

La délivrance de Péronne fut hélas ! de courte durée. Les Allemands avaient laissé des batteries de 77 dans les bois de Racogne. Quelques jours après les événements du 14 septembre, la canonnade reprit bientôt. Du faubourg de Bretagne, notre artillerie ripostait à celle des

Boches. Bastion avancé de Péronne, le malheureux faubourg fut largement arrosé. La ville beaucoup moins. Dans le courant du mois d'octobre, devant la poussée de l'ennemi, il fallut, pour rectifier notre front, abandonner Péronne qui formait une pointe isolée et dangereuse et reporter nos lignes vers Lihons, Dompierre. L'infortunée cité retomba sous le joug allemand.

VIII

LES PREMIÈRES BATAILLES DE LA SOMME

29 septembre 1914.

Le samedi 29 août, un communiqué officiel, dont le laconisme excessif nous changeait de l'abondance des précédents, nous apprenait que le front de bataille s'étendait de la Somme à la Meuse. Le lendemain, l'ennemi avait encore progressé. Et c'est tout ce que nous sûmes des combats acharnés livrés par les troupes françaises pour arrêter dans la vallée de la Somme la ruée des Allemands sur Paris.

Une enquête personnelle nous a permis de reconstituer, d'une manière générale, l'action engagée entre nos forces, et celles des ennemis au cours des journées qui marquèrent les débuts de cette période irrespirable d'attente vécue par la capitale sous la menace de l'invasion soudaine et de l'avance rapide des Barbares.

La Somme a été le point de jonction de deux masses allemandes rentrées en France par la trouée du Nord, l'une par Lille, et l'autre par Valenciennes. L'histoire révélera les raisons du passage sans encombre des Allemands par Lille. Au contraire, par Valenciennes et Cambrai, ils se heurtèrent à une vive résistance des armées franco-anglaises. Surtout à partir de Cambrai, où le sol se prête mieux au combat que dans la région plus septentrionale.

De Cambrai, l'armée allemande emprunta les deux grandes routes de Bapaume et de Péronne. Elle fut arrêtée par une première ligne défensive française passant par Bapaume, Combles et Péronne (voir les chapitres : Bapaume et Péronne).

Contraintes de se replier, nos troupes, par une manœuvre habile, disputèrent à l'ennemi le passage de la Somme et vinrent prendre une position de combat plus favorable dans la grande plaine de Santerre.

Dans ses lumineux commentaires, au jour le jour, de la « situation des armées », M. Ardouin-Dumazet a montré quelle magnifique défense naturelle constitue la rivière de la Somme. Surtout entre Amiens et Péronne, elle est large, bordée de marécages, de prairies tremblantes ; pour une armée nombreuse, elle est d'un passage difficile et redoutable.

Imaginez un triangle renversé dont la Somme serait la base, Amiens, Péronne et Rosières, les trois angles, Rosières le sommet et le village de Proyart le centre : c'est dans ce grand triangle, où s'enferme la plaine de Santerre, que nos soldats ne marchandant ni leur héroïsme, ni leur vie, malheureusement trop peu nombreux, arrêtèrent pendant deux jours une partie de la masse allemande qui « dégringolait » de la Belgique sur Paris.

La lutte fut violemment acharnée. Nos troupes, très inférieures en nombre, s'abritèrent derrière les moutonnements qui surgissent de la plaine. Elles laissèrent seulement des détachements devant les chaussées par où l'ennemi devait nécessairement venir pour traverser la Somme. Avec quel héroïsme ces poignées de braves luttèrent jusqu'au dernier pour retarder l'élan des ennemis ! Pour s'en faire une idée, il faut entendre les rares témoins de ces exploits, qui égalent ceux des compagnons de Léonidas !...

— J'étais dans ma hutte, au milieu de la rivière, nous dit un vieux poissonnier qui habite le village de Cappy, et par les deux petites ouvertures d'où je guette d'ordinaire le gibier d'eau, je suivais toute la bataille ; pour mieux être à l'abri des balles qui tombaient tout autour, j'avais retiré la tôle qui recouvre le toit de la hutte et je m'en étais fait une sorte de bouclier.

« J'ai assisté, monsieur, à une véritable chasse à l'homme. C'était entre Éclusier-Vaux et Cappy. Sur la rive droite de la Somme, les Allemands arrivaient en colonnes nombreuses, précédés de uhlans, qui galopaient dans les prairies marécageuses et venaient reconnaître la situation du canal qui rend la Somme navigable. En face, sur la rive gauche, des chasseurs à pied attendaient, dissimulés derrière les moindres obstacles. Le feu de nos petits chasseurs était d'une précision terrible. C'était un bonheur de les voir démonter les cavaliers ennemis ; seulement, c'était folie de vouloir tenir tête en aussi petit nombre à des régiments entiers... A peine les premiers soldats allemands eurent-ils franchi la chaussée d'Éclusier, qu'ils forcèrent nos héroïques chasseurs à reculer.

« Quelques heures après, j'en ai ramené, qui n'étaient pas blessés, dans ma barque jusqu'à Cappy. Ah ! les braves soldats !... »

Répétez ce fait dans les divers endroits où les Allemands passèrent la rivière, et vous calculerez la belle somme d'héroïsme qui fut dépensée par les nôtres en moins d'une heure.

La rivière franchie, l'ennemi rencontra nos lignes de fantassins et dut livrer une bataille en règle. Les deux villages de Proyart et de Framerville en furent le centre. De ces villages, jadis vivants, laborieux, bien peuplés, il n'y a plus aujourd'hui que quelques maisons debout ; tout le reste, c'est ruines et décombres.

On entendit très distinctement d'Amiens la canonnade qui fit rage particulièrement sur

Proyart ; les Amiénois et les gens du pays, d'ailleurs, disent tous de l'action livrée dans la plaine de Santerre : la bataille de Proyart. Les Bretons s'y sont battus comme des lions, c'est-à-dire comme des Bretons... Sous le nombre, ils durent céder, ou plutôt ils se firent tuer. La grande plaine de Santerre — *Sanguinis terra, la terre du sang* — qui mérita jadis ce nom, rapportent les traditions locales, à cause des massacres des Huns, retrouva dans la bataille de Proyart la justification trop douloureusement vraie de son appellation.

IX

LES ALLEMANDS A AMIENS

Amiens, le 19 septembre 1914.

Les Allemands ont fait leur entrée à Amiens le lundi 31 août, vers 9 heures du matin. Depuis plusieurs jours, les Amiénois voyaient arriver dans leurs murs de nombreux émigrés de la région du Nord, qui fuyaient devant l'ennemi. D'une façon générale, on ne croyait pas aux récits des réfugiés. Confiante dans l'optimisme de la presse et des communiqués officiels, la population n'était pas loin de taxer de folie ou de lâcheté les malheureux qui, pour la plupart, avaient abandonné leur maison sous le canon et au bruit de la fusillade.

Cependant, le jeudi 27, l'état-major anglais installé dans un grand hôtel, loué pour la durée de la guerre, près de la gare, déménageait précipitamment, et abandonnait un assez grand nombre de camions automobiles hors d'usage et plusieurs aéroplanes endommagés. Le samedi 29, le préfet reçut l'ordre de se retirer à Abbeville ; le personnel de la préfecture et des P. T. T. quitta la ville. Le même jour et le lendemain dimanche, on entendit le canon qui grondait aux portes d'Amiens. C'était la bataille qui se livrait dans la plaine du Santerre et dont le front se déployait de Péronne à Camon, petit village distant de quelques kilomètres seulement de la capitale de la Picardie. La journée du dimanche 30 août se passa dans l'angoisse et l'ignorance. Toutes les communications avec le dehors étaient coupées. La gare était fermée. Les derniers trains avaient emmené dans la direction de Rouen une foule innombrable. Des villages environnants, arrivaient toujours de longues théories de réfugiés qui augmentaient le trouble et l'anxiété. Des *Tauben* survolèrent la ville. Dans les rues principales autour de l'hôtel de ville où M. Fiquet, sénateur-maire, demeura courageusement à son poste, une foule morne et silencieuse défilait lugubrement. Au loin, la canonnade grondait toujours. La nuit se passa, sinistre et mortellement longue...

Le lundi 31, de bonne heure, des escadrons de uhlans traversèrent Amiens sans s'y arrêter. A 9 heures, l'armée allemande fit son entrée solennelle et bruyante au chant du *Deutschland über alles*. Les Allemands, venant d'Albert et d'Arras, rentrèrent par les principales routes de la direction nord et est, et opérèrent leur concentration au sud d'Amiens près de Longueau, sur la route de Paris. Ils ne firent donc que passer dans Amiens et ne commirent aucun acte de banditisme ni de pillage. Pas un habitant ne fut inquiété. Pas une maison particulière ne fut saccagée.

Leur défilé se poursuivit durant toute la journée du lundi 31. Leur nombre s'élevait environ à quarante mille. C'était des troupes absolument fraîches qui venaient directement de Belgique sans avoir tiré un seul coup de fusil. Leur bon ordre, leur tenue de parade, l'exhibition savante de leur matériel firent une certaine impression sur les curieux qui les regardèrent passer. C'est ainsi que les cuisines roulantes fonctionnaient ou paraissaient fonctionner tout en roulant...

Des Amiénois ne furent pas peu surpris de reconnaître parmi ces soldats allemands des individus qui habitaient Amiens avant la guerre. L'un d'eux, ex-marchand de chevaux, en passant dans la rue où il avait son domicile, interpella quelques-uns de ses anciens voisins en patois picard : « Tu ne me reconnais pas, X..., ch'est mi ch'marchand d'bidets !... »

Les autorités militaires allemandes se rendirent à l'hôtel de ville et furent reçues par M. Fiquet, sénateur-maire. Les Allemands demandèrent douze otages pour répondre du bon ordre et de la tranquillité publics. A ces douze otages, se joignit volontairement M. le procureur de la République d'Amiens. Les Allemands réquisitionnèrent ensuite des quantités considérables de vivres (viande sèche, chocolat, sucre, etc.) et enfin cent mille cigares ! La ville fournit ces réquisitions. Seulement, comme malgré la bonne volonté et la diligence de la municipalité, il fut matériellement impossible de parfaire le chiffre fantastique de kilos de vivres prescrit par les Allemands, ceux-ci emmenèrent les otages à Clermont, les firent comparaître devant une sorte de conseil de guerre et les condamnèrent à payer 180 000 francs pour prix des vivres qui n'avaient pu être fournis. La ville d'Amiens fit généreusement le sacrifice de cette somme et les otages furent relâchés.

Le gros des troupes allemandes se dirigeant sur Paris où les officiers annonçaient avec fanfaronnade qu'ils seraient dans deux jours, quelques détachements restèrent à Amiens et logèrent dans les casernes. Les officiers s'installèrent à l'hôtel de ville. Ils restèrent quinze jours et ne se signalèrent que par un acte de fourberie et d'arbitraire dont les Amiénois ne comprirent pas d'abord la portée.

Un ordre de l'autorité allemande, contresigné par le maire, enjoignit à tous les hommes mobilisables restés à Amiens de se rendre à la citadelle pour y déclarer leur situation militaire. Croyant à la bonne foi des Allemands, 1 500 hommes environ, dont près de 800 cheminots de la gare et du dépôt d'Amiens, se rendirent à la citadelle. Là, les Allemands firent un tri. Ils renvoyèrent les hommes des services auxiliaires, et gardèrent les autres prisonniers, au nombre de plus de 1 000 qu'ils conduisirent aussitôt à pied à Péronne. Ce lamentable cortège fit étape et coucha à la Motte-en-Santerre. Quelques prisonniers, aidés par les rares habitants demeurés à la Motte, réussirent à se cacher et à s'enfuir. Les autres furent conduits à Péronne et, de là, embarqués par chemin de fer pour l'Allemagne.

C'est le samedi 12 septembre que prit fin l'occupation allemande à Amiens. Le 11, des troupes allemandes, battant en retraite, traversèrent Amiens. Le génie allemand fit sauter les ponts des importantes lignes de chemin de fer dont Amiens est le centre et qui assurent ses communications avec Paris et Boulogne d'une part, et Lille et Reims par Chaulnes et Terguier, d'autre part. Pendant plusieurs jours, Amiens fut complètement isolé. Seul, un petit chemin de fer à voie étroite subsistait et reliait la ville à Aumale (Seine-Inférieure). Les Allemands coupèrent tous les fils télégraphiques.

Au bureau central de la poste, ils brisèrent les câbles et démontèrent les appareils télégraphiques.

Le 12, après-midi, il ne restait plus un seul soldat allemand dans Amiens, que des dragons français vinrent aussitôt réoccuper. Aujourd'hui la vie locale — presque complètement arrêtée pendant le séjour des troupes allemandes — renaît peu à peu. M. le préfet de la Somme a réintégré la préfecture. De nombreux habitants qui avaient fui reviennent. Les tramways, qui ne marchaient plus, ont recommencé à fonctionner. L'annonce de la victoire de la Marne a fait renaître l'espoir et la confiance. On sait, qu'à vol d'oiseau, ils ne sont pas très loin — du côté de l'Oise, Noyon, etc. Mais on sait qu'ils ne reviendront pas.

Et, depuis que les Barbares ont commis le forfait de détruire la cathédrale de Reims, les Amiénois regardent plus amoureusement encore leur cathédrale et semblent dire comme d'un enfant qui reste quand l'autre meurt : « Ils ne t'auront pas, toi, et nous te garderons jalousement !... »

X

SAINT-QUENTIN

Il n'y a pas eu de bataille de Saint-Quentin. A tort, on a désigné, sous ce nom, les violents combats qui se sont déroulés le 29 août entre Guise et Saint-Quentin, à Ribémont et Origny notamment. Certains journaux ont publié des récits, inventés de toutes pièces, de scènes héroïques et sanglantes dont la ville même de Saint-Quentin aurait été le théâtre : combats de rues, barricades, assauts de maisons, etc. La presse anglaise, au début de la guerre, a été beaucoup trop prodigue de fictions de ce genre. Très vraisemblables au demeurant, elles ont séduit l'imagination populaire et fourni une copie intéressante aux journaux français qui, durant toute cette période sombre qui s'écoula entre Charleroi et la Marne, furent sevrés d'informations et empêchés de dire la vérité... Mais elles doivent être généralement écartées par les historiens futurs de la grande guerre.

Les Allemands occupèrent Saint-Quentin le 30 août. Ils firent prisonniers des quantités de blessés français, ramenés les journées précédentes dans les hôpitaux. La Kommandatur fut installée dans le vieil hôtel de ville au carillon célèbre. Elle faillit en déloger le 17 septembre... Ce jour-là, Saint-Quentin fut sur le point d'être délivré et une nouvelle bataille, ou du moins un vif engagement, se livra à ses portes.

Lors de la bataille de la Marne, l'aile droite des armées allemandes, commandée par von Klück qui marchait droit sur Paris, avait elle-même son extrême droite fortement engagée vers le nord-ouest. Non seulement Amiens, Péronne, Montdidier, Saint-Just, Creil, Chantilly étaient occupés, mais des éléments de cavalerie ennemie poussaient vers Beauvais, Pontoise, Gisors et la région de Rouen. Des patrouilles se montrèrent aux environs de

Luzarches et l'Isle-Adam, et on se rappelle la randonnée de deux autos, montées par des officiers boches, dans la forêt de Gournay. En prévision, d'ailleurs, d'une attaque débordante par l'ouest de Paris, le génie avait fait sauter les ponts de l'Oise et des forces françaises étaient concentrées de Mantes à Pontoise ; elles faisaient partie de la 6ᵉ armée et furent ramenées vers Senlis et Crépy-en-Valois lorsque le général Maunoury eut engagé la bataille de l'Ourcq. Notre victoire de la Marne rendait extrêmement critique la position avancée de la droite de von Klück en Picardie. Presque toute la région comprise entre la grande ligne d'Amiens-Arras-Lille et celle dite de Picardie-Flandre qui passe par Roye, Péronne, Cambrai, Valenciennes, fut évacuée. Les nombreux trains allemands qui se trouvaient en gare de Péronne et formaient de longues files de wagons couleur lie de vin — combien symbolique — reprirent la direction du nord... Ah ! si à ce moment nous avions pu jeter des troupes fraîches et bien approvisionnées en munitions, sur le flanc droit des Allemands dont la pointe extrême s'accrochait à Lassigny et à Soissons, l'ennemi, sous peine d'être complètement enveloppé, était forcé de reculer sur la Meuse, et la presque totalité du territoire envahi était libérée. Faute de ressources suffisantes en hommes, en moyens de transport, en canons et en obus, le commandement français ne put qu'esquisser la manœuvre... L'exécution en fut confiée à deux divisions de cavalerie, renforcées par des chasseurs et par de l'artillerie volante, sous les ordres du général Bridoux. Evidemment c'était trop peu pour enfoncer, encore moins pour envelopper l'aile droite allemande. A la faveur de ce mouvement hardi, Amiens fut toutefois délivré, notre grande voie ferrée de Paris-Lille dégagée, et la route du nord rouverte à nos troupes. Le mois suivant, quand commença la fameuse « course à la mer », nous avons pu mesurer toute l'importance de pareils gains.

Devant la poursuite des divisions Bridoux, les Boches accentuèrent rapidement leur retraite. Le 12, ils évacuaient Amiens (1). Dans

(1) Dans la soirée du 12, plusieurs auto-mitrailleuses montées

la nuit du 14 au 15, le colonel von Kosser, commandant la place de Péronne, recevait l'ordre de plier armes et bagages, et donnait lui-même le signal du départ. (V. le chapitre « Péronne »). Le 15, Roisel, chef-lieu de canton, situé à une vingtaine de kilomètres au-dessus de Péronne, respirait à son tour en voyant décamper soudain les Boches. Ils abandonnèrent aussi Le Catelet, petite ville à mi-chemin entre Cambrai et Saint-Quentin, et où leur arrivée le 27 août avait été marquée par des scènes révoltantes (1). Il s'en fallut de bien peu

par des artilleurs et des cuirassiers rentraient dans Amiens. Le drapeau fut hissé à l'hôtel de ville. Quelques heures après, le 81e territorial réoccupait la ville.

(1) LES ALLEMANDS AU CATELET. — Dans la journée du 27 août, une patrouille de cinq uhlans arriva au Catelet. Une ambulance anglaise était installée dans la ville : avec les blessés se trouvaient quelques soldats anglais, fatigués ou perdus, qui se reposaient avant de rejoindre leur régiment. L'un d'eux pris de colère à la vue des uhlans et désireux de venger ses camarades tombés la veille au Cateau-Cambrésis, saisit son fusil, abattit un cavalier allemand et son cheval, démonta un second uhlan tandis que les trois autres croyant tomber dans un guet-apens s'empressaient de tourner bride et de fuir au galop.

Les Allemands ne tardèrent pas à revenir, et en bien plus grand nombre ; ils prétendirent que les coups de feu avaient été tirés par des habitants du Catelet et le uhlan tué par un civil. Ils se rendirent à la mairie. M. le maire du Catelet étant mobi-

que Saint-Quentin ne connût également l'allégresse de la délivrance...

Les Français approchaient. Ils étaient parvenus à installer plusieurs batteries de 75 autour de Fayet. Un de nos avions s'élança, messager d'espérance, et survola Saint-Quentin. Les habitants suivaient son large vol avec des yeux fous de joie. Le canon gronda. Il résonnait longuement dans le cœur des Saint-Quentinois, angoissés. Les batteries allemandes, postées derrière l'orphelinat Cordier, répondirent à nos 75. Mais visiblement le combat tournait à

lisé, ils trouvèrent l'instituteur M. Cabaret, lequel fait fonctions de secrétaire de mairie. Ils le prirent pour le maire, le frappèrent à coups de lance et à coups de pied et l'avertirent qu'ils allaient le fusiller. En même temps, une autre bande allait chercher M. l'abbé Ledieu, curé. En guise de salut, un uhlan lui asséna un coup de hampe de lance en plein visage : l'abbé Ledieu qui est très myope, eut ses lunettes brisées et un œil tuméfié. On ne lui permit même pas de prendre d'autres lunettes. Les brutes l'entraînèrent dehors, en le menaçant, s'il résistait, de l'enterrer vivant dans son jardin. Les Allemands empoignèrent à peu près de la même façon, M. Delabranche, pharmacien au Catelet, et quatre autres personnes.

Les six otages réunis, ils les emmenèrent sans explication à Bellicourt, petite commune distante d'environ 5 kilomètres du Catelet. A peine sortis de la ville, les uhlans piquèrent un galop et forcèrent leurs six victimes à les suivre au pas de course. Le pharmacien, M. Delabranche, qui est âgé et infirme des

notre avantage. Le commandant allemand avait déjà pris toutes ses dispositions pour la retraite. Les convois partaient, emmenant les bagages de l'état-major et des officiers. Le drapeau de la Kommandatur avait été enlevé. C'était le commencement de la fuite...

Que se passa-t-il alors? On raconte qu'une automobile montée par deux civils, sortit de Saint-Quentin à toute vitesse, franchit les lignes sans encombre et se fit conduire à l'état-major français. Les mystérieux automobilistes auraient affirmé que la faible riposte des Alle-

jambes, ne put suivre le mouvement. Au bout de cent mètres il roula sous les sabots des chevaux. Les Allemands le relevèrent en le frappant, mais voyant malgré tout qu'il ne pouvait marcher, ils l'attachèrent à un arbre.

Arrivés à Bellicourt, ils adossèrent les cinq otages à un mur, firent mine à plusieurs reprises de les mettre en joue, puis leur annoncèrent qu'ils allaient fouiller les environs pour retrouver celui qui avait tiré à l'arrivée des uhlans au Catelet. Des patrouilles visitèrent les villages de Bellicourt, de Nauroy et d'Hargicourt. Leurs recherches ayant été infructueuses, les Allemands décidèrent de ramener les otages au Catelet. En cours de route ils croisèrent de longues colonnes d'infanterie allemande qui arrivaient de Cambrai et du Cateau. A leur tour, les fantassins insultèrent, outragèrent et frappèrent les cinq Français. Le pauvre curé, M. Ledieu, en particulier, était couvert de crachats, et de plus, il avait reçu tant de coups de crosse et de hampe sur la tête qu'il avait le crâne bossué comme un sac de pommes de terre et ne pouvait plus mettre son chapeau...

mands à notre attaque n'était qu'une feinte, qu'en réalité les Boches cherchaient à nous attirer dans un guet-apens, qu'ils avaient de nombreuses troupes cachées dans Saint-Quentin et aux environs, et que l'entrée des Français dans la ville serait suivie d'un massacre effroyable et inutile. Qu'y a-t-il de vrai dans cette histoire? On l'a corsée en ajoutant qu'au début de l'occupation, les habitants avaient remarqué un individu, connu depuis longtemps à Saint-Quentin, qui circulait librement en auto dans les rues — alors que toutes les autres

A 7 heures, le cortège, parti depuis 2 heures de l'après-midi, rentra au Catelet, que de nouvelles troupes allemandes étaient venues occuper. Les rues étaient remplies de soudards, qui voulurent égorger les prisonniers. Sans l'intervention de quelques officiers, c'eût été chose faite. A 9 heures du soir, un conseil de guerre se réunit et contraignit MM. Ledieu et Cabaret à prévenir les habitants que si celui qui avait tué le uhlan n'était pas dénoncé, d'ici le lendemain matin 7 heures, le Catelet serait bombardé. Dès l'aube, le curé et l'instituteur accomplirent leur triste mission. Bien entendu elle fut sans résultat, puisque c'était un soldat anglais qui avait tiré et qui, le coup fait, avait fui.

Pour en avoir la certitude, les Allemands n'hésitèrent pas à pratiquer l'autopsie du cadavre du uhlan. La balle retrouvée étant bel et bien une balle anglaise, devant cette preuve, ils renoncèrent à bombarder le Catelet, mais ils condamnèrent les six otages à assister debout, en plein soleil, au défilé des troupes allemandes qui devaient passer dans la journée. Il

autos avaient été réquisitionnées — promenait des officiers allemands dans sa voiture, et s'affichait au café de la Bourse en compagnie galante. De là à conclure que ce personnage était l'un de ceux qui montaient l'auto mystérieuse et qui, par leur dire, auraient décidé nos officiers à renoncer à reprendre Saint-Quentin, il y eut vite fait. Les histoires de traîtres ne font pas seulement recettes à l'Ambigu... L'histoire tout court est moins théâtrale. Il est difficile d'admettre que l'état-major français ait eu foi dans les racon-

en défila depuis le matin jusqu'à 3 heures de l'après-midi...

Pour exciter le ressentiment des leurs, les Allemands avaient enterré à l'entrée du village avec une inscription de circonstance, le uhlan tué la veille. De plus, ils avaient habillé grotesquement le cadavre du cheval à l'aide de soutanes volées au presbytère.

Les six otages étaient placés sur un tertre, près d'un mur. N'ayant rien mangé depuis la veille, ils tombaient de fatigue, mais ils avaient défense absolue de s'appuyer et quand l'un d'eux se laissait aller, les factionnaires de service le relevaient à coups de crosse. Cependant, tout en défilant, les Allemands adressaient aux Français les plus grossières injures. Joignant le geste à la parole, des officiers se livrèrent à d'immondes outrages.

Dans la soirée seulement, ce véritable supplice prit fin. En rentrant chez eux, les otages trouvèrent leurs maisons saccagées, souillées, dévalisées, Les Barbares avaient d'ailleurs pillé la plupart des maisons du Catelet, et tout particulièrement le pres-

tars d'informateurs qui devaient leur être suspects à plus d'un titre, ne fût-ce que par la facilité avec laquelle ils avaient pu sortir de Saint-Quentin. La vérité probable est que nos troupes qui marchaient sans repos depuis plusieurs jours devaient être très fatiguées et difficilement ravitaillées ; les officiers, démoralisés par la perte de leur chef le général Bridoux qui fut tué au cours d'une reconnaissance en auto, mal renseignés sans doute sur l'importance des forces ennemies en face desquelles ils se trouvaient, hésitèrent à pousser de l'avant, à s'éloigner davantage de leur base de ravitaillement, et à exposer Saint-Quentin aux horreurs d'un combat de rues et ses habitants

bytère et la maison du receveur d'enregistrement, M. Lourdel. Chez ce dernier ils firent une consommation inusitée et peu légale de tout le papier timbré... A la gendarmerie, ils avaient commencé à mettre le feu. De même à l'église. Enfin dans la nuit une brave femme qui traversait le jardin du château fut impitoyablement fusillée par une sentinelle allemande.

J'ai recueilli ces renseignements de la bouche même d'un des otages, réfugié à Amiens. Les autorités eurent la sagesse de mettre à profit les quelques jours de liberté qui suivirent le départ des Boches pour évacuer tous les hommes et les jeunes gens valides et mobilisables. Ils s'en vinrent en longue colonne, grossie dans chaque village de nouvelles recrues, à pied, précédés de dragons, par Roisel, Péronne et Albert, et gagnèrent Amiens.

à des représailles féroces. Depuis Mulhouse, nous savons ce qu'il en coûte aux villes d'exciter la fureur des Teutons. Bref! vers 5 heures du soir, l'attaque du 17 septembre fut abandonnée et nos troupes se replièrent dans la direction de Péronne. Le lendemain, les Boches ramenaient des troupes, élevaient des retranchements et prenaient toutes leurs précautions pour mettre Saint-Quentin à l'abri d'un coup de main.

XI

LA BATAILLE DE GUISE

(*29 Août 1914.*)

La bataille, dite de Guise, est l'une des moins connues de la campagne de 1914. Il est assez difficile de retrouver des combattants qui y ont pris part. Les blessés, transportés à Saint-Quentin ou dans les formations sanitaires des petites villes aujourd'hui encore occupées par l'ennemi, sont demeurés, deux fois prisonniers — dans leurs linges sanglants, et dans les mains de l'envahisseur qui, par un traitement de rigueur cruelle, les a empêchés de correspondre avec leurs familles. Mais surtout les événements importants qui ont suivi immédiatement la bataille de Guise et marqué les dernières étapes de la ruée des Barbares sur Paris avant notre victoire de la Marne, ont éclipsé le souvenir d'opérations intéressantes et brillantes même par certains côtés, mais sans résultat décisif. A cette époque, d'ailleurs, l'opinion publique était affolée ; le gouvernement fuyait à Bordeaux ; Paris se vidait jour et nuit ; les derniers trains qui arrivaient du nord, déversaient des flots de réfugiés dont les récits, grossis par la terreur collective ambiante, semaient la panique et la démoralisation ; les journaux étaient totalement dépourvus d'informations, réduits à publier des appels au calme et à la confiance qui rendaient un son vague ; ils n'avaient même plus la ressource de traduire les reportages de la presse anglaise ou hollandaise ; la zone noire d'invasion s'élargissait, se rapprochait, allongeait ses bavures sinistres jusque dans la banlieue de la capitale.

Le fameux communiqué du 29 août, en ses deux lignes brutales, nous avait ramenés, d'un coup, de la Belgique à la Somme... Le 30, nous apprenions « qu'à notre aile gauche, une véritable bataille avait été menée par quatre de nos corps d'armée ». C'était l'armée Lanrezac qui battait en retraite depuis Charleroi, et qui, se retournant soudain, « portait à quatre corps, prenant l'offensive, ajoutait le communiqué, a repoussé sur Guise et à l'est une attaque conduite par le 10e corps allemand et la garde qui ont subi des pertes considérables. La gauche a été moins heureuse : des forces allemandes progressant dans la direction de la Fère. » Et le 31, à 16 h. 45, la nouvelle était confirmée, par ce nouveau communiqué : « Une bataille générale a été engagée avant-hier dans la région de Vervins; cette bataille a été marquée pour nous par un succès important sur notre droite, où nous avons rejeté la garde prussienne et le 10e corps dans l'Oise. »

Tout ce que nous sûmes de la bataille de Guise tient en ces rédactions officielles, laconiques, obscures et à peine correctes... « La droite de quatre corps qui prennent l'offensive et repoussent une attaque ennemie ? » Allez donc vous débrouiller dans ce galimatias. Et ceci : « Nous avons rejeté dans l'Oise la garde prussienne et le 10e corps. » Les avions-nous noyés dans la rivière, ou bien les forces allemandes étaient-elles disloquées, une partie d'entre elles au moins sectionnée, séparée du gros de l'armée, « rejetée » de la Somme ou de l'Aisne dans le département de l'Oise, enveloppée par nos troupes et faite prisonnière? Beaucoup l'interprétèrent ainsi, et au milieu de l'angoisse et de l'ignorance générales, cette espérance brilla comme une grande lueur réconfortante.

C'est alors que circula, de bouche en bouche, la légende des soixante trains réquisitionnés par l'autorité militaire pour emmener les milliers de prisonniers boches provenant de l'armée von Kluck, coupée en deux... La réalité, malheureusement, était tout autre.

Tandis que les divisions de réserve de l'armée Maunoury se portaient du camp retranché de Paris où elles étaient cantonnées depuis le début de la guerre, à la rencontre des Boches qui arrivaient par le nord, et qu'elles leur disputaient vaillamment la vallée et le passage de la Somme,

— (voir la bataille de Bapaume) — l'armée Lanrezac, en sens inverse, se repliait de Charleroi vers Paris en laissant à sa droite pour la protéger la place de Maubeuge et en empruntant le large couloir que forment sur la carte les deux grandes voies ferrées qui de Paris vont à Namur l'une par Compiègne, Saint-Quentin, Maubeuge, l'autre par Soissons, Laon, Vervins, Hirson et Dinant. Le 28 août, l'armée montante de Maunoury avait l'avantage à Bapaume. Le même jour, l'armée descendante de Lanrezac se trouvait échelonnée de Saint-Quentin à Vervins, c'est-à-dire à peu près sur le même plan géographique, en prolongeant vers l'est la ligne Bapaume-Péronne. Cette coïncidence, sans doute prévue, et l'arrêt que nos troupes faisaient subir ce jour-là aux masses allemandes, décidèrent-ils notre haut commandement à engager une action plus générale, soit pour tâter seulement l'ennemi, soit pour l'arrêter devant le massif de Laon et lui interdire la vallée de l'Oise, porte ouverte droit sur Paris? Toujours est-il que le 28, au soir, les régiments de Lanrezac qui battaient en retraite nuit et jour depuis la frontière belge, et souvent talonnés par les Boches, reçurent l'ordre de faire halte et d'attaquer le lendemain. Nos troupes avaient dépassé Guise qu'occupaient déjà les Allemands. Les quatre corps d'armée dont parle le communiqué étaient le 18e, le 1er, le 3e, et une division coloniale dont l'effectif équivaut presque à un corps d'armée.

Le 18e corps formait l'aile gauche et était adossé à Ribemont, avec le mont d'Origny pour objectif. Il avait à sa droite la division coloniale (marsouins, tirailleurs et sénégalais). L'aile droite, commandée par le général Franchet d'Esperey, comprenait le 1er et le 3e corps. Nous tenions les hauteurs qui de Ribemont à Origny dominent la route de Saint-Quentin à Vervins. En face de nous, les lignes allemandes étaient jalonnées par les villages d'Origny, Courjumelles, Landifay-Bertaignemont, Hérie-la-Viéville.

Le 29 août, vers 9 heures du matin, le canon commençait à donner. A 10 heures, la 36e division (du 18e corps) se portait, d'un mouvement rapide, à plus de 5 kilomètres en avant de ses positions, et dépassait Origny. Devant cette volte-face soudaine de nos troupes, qu'ils étaient habitués à voir se replier, les Boches, décontenancés, perdirent pied et s'enfuirent. Seulement notre attaque sur cette partie du front avait été trop brusque, insuffisamment liée à celle des autres corps. Au centre, nos tirailleurs, qui avaient à se mesurer avec la garde prussienne, ne purent suivre l'avance précipitée de l'aile gauche qui, d'ailleurs, vigoureusement contre-attaquée vers 1 heure de l'après-midi, dut se replier en deçà de Ribemont vers Surfontaine.

A droite, l'action se dessinait plus lentement, mais aussi d'une façon plus serrée. Tandis que les premiers contacts s'établissaient entre Français et Allemands, l'aile gauche ennemie cherchait à tourner nos positions et à nous envelopper. Le 127e d'infanterie, placé à l'extrémité la plus avancée de notre droite, eut l'ordre d'allonger le front et d'empêcher les Boches d'opérer leur mouvement tournant. De Faucouzy, il s'avança vers le Hérie-la-Viéville.

Ce village s'élève sur la route de Guise à Marle, à quelques centaines de mètres du point où elle coupe la route de Laon à Vervins. Au sud de ce point d'intersection s'élève un mamelon qu'escalade la route de Guise à Laon, laquelle forme à cet endroit un large déblai. Un ravin, au fond duquel court un ruisseau, desséché en été, sépare le mamelon d'une distance de 800 mètres environ, du village du Hérie. C'est sur ce terrain que se déroula l'action que nous allons raconter.

Il était 9 heures environ — l'heure à laquelle l'action s'engagea sur toute la ligne — quand une section du 127e vint, sous les ordres du sergent Joseph et d'un sous-lieutenant, occuper le mamelon qui constituait un excellent poste d'observation pour surveiller les mouvements de l'ennemi. Arrivés presque en haut du mamelon, l'officier et le sergent ordonnèrent à leurs hommes de se coucher et d'attendre, et ils partirent tous deux en reconnaissance. Au fond du ravin, ils aperçurent deux formes humaines enveloppées dans de longues capotes. Le sergent ne s'y trompa point, et malgré qu'ils n'avaient pas de casques, il eut vite fait de distinguer d'authentiques Boches dans ces deux formes spectrales. Continuant d'explorer les environs, le sergent découvrit, entre la route de Guise et le village du Hérie, une compagnie allemande qui constituait sans doute l'avant-garde des forces destinées à nous envelopper. Averti, le sous-lieutenant fit ranger ses hommes face au village et commanda d'ouvrir le feu. C'était d'une belle audace : nos soldats étaient à un contre quatre, une section contre une compagnie, sans compter les renforts allemands qui n'allaient pas tarder à arriver ; mais c'était aussi le meilleur moyen, en surprenant l'ennemi, de le dérouter et de le contraindre à renoncer à sa marche contre notre flanc droit. Les Boches, en effet, au lieu d'avancer, se déployèrent en tirailleurs dans les fossés de la grand'route qui mène au Hérie. La fusillade crépita. Nos soldats avaient une excellente position de tir ; protégés par le remblai de la grand'route, ils se trouvaient à l'abri, comme dans une tranchée. Devant l'intensité de notre feu, les Allemands renforcèrent leurs lignes de tirailleurs ; ils avaient des réserves cachées dans les champs derrière des meules, mais pour rejoindre ceux qui tiraient, embusqués dans les fossés, leurs hommes devaient traverser la route, et ils ne s'y risquaient qu'un à un. Notre sergent, qui décidément révéla en cette circonstance toutes les qualités d'un chef, avait remarqué leur manège ; il fit signe à un *premier-tireur* de venir et ce dernier, visant avec une adresse extraordinaire chaque Boche qui s'avançait, faisait mouche comme à la cible. Lorsque nos soldats poussèrent de l'avant à leur tour, ils comptèrent en cet endroit plus de trente cadavres de Boches qui avaient été abattus par ce merveilleux « fusil ».

A midi, pour permettre à ses hommes de reprendre haleine, le lieutenant ramena sa section un peu en arrière, dans une petite ferme éloignée d'environ 200 mètres du mamelon. L'arme au pied et en éveil, nos fantassins en profitèrent pour « casser la croûte » et se restaurer. Seulement l'eau manquait. Il n'y avait qu'un puits, situé à découvert, sous le feu de l'ennemi. Ce fut encore notre intrépide sergent qui se dévoua ; narguant les balles, il courut par six fois remplir un seau d'eau. Le sixième voyage faillit lui être fatal. Une balle traversa le récipient de part en part...

Cependant, la bataille restait hésitante, notre aile gauche n'avait encore qu'amorcé l'attaque, sans prendre l'offensive avec vigueur. Plusieurs régiments avaient même fait mine de vouloir battre en retraite. Les Boches se laissèrent prendre à cette manœuvre qui n'était peut-être qu'un stratagème. Leurs clairons crurent spirituel d'imiter notre sonnerie de la retraite, et décidément convaincus que nous allions nous replier, les Boches firent tonner leur artillerie, arrosant d'obus et de shrapnells une large zone en arrière qu'ils supposèrent parcourue par nos troupes en fuite. Sans doute poussaient-ils déjà des « hoch » de triomphe. Vivats et obus furent lancés en pure perte, et l'illusion teutonne de courte durée.

A l'instant même où l'ennemi sonnait la retraite à notre intention, le général Franchet d'Esperey disposait ses régiments en ordre de bataille et leur commandait de marcher à l'ennemi. Le 1er et le 127e, sous les ordres du général Margoulet, prirent position à droite de la route de Marles dont la section du 127e avait brillamment défendu le passage ; le 43e et le

84e, à gauche sous les ordres du général Sauret.

Le 1er était exposé en plein au feu de l'artillerie allemande dont les pièces lourdes tonnaient avec fracas. Les marmites tombaient dru. Sous cet ouragan de mitraille, un certain fléchissement se produisit dans nos rangs. Des combattants lâchèrent pied et gagnèrent les positions occupées par le 127e, mieux protégé contre le feu de l'ennemi. Le général Franchet d'Esperey vit le danger. Pour couper court à la panique qui menaçait, il ordonna de déployer face à l'ennemi le drapeau du régiment, et, donnant le premier l'exemple, il entraîna une poignée de braves qui se groupèrent autour du drapeau. Ils furent bientôt plusieurs centaines, faisant à leur étendard et à leur chef un rempart de leurs poitrines et chantant à pleine voix la *Marseillaise*. Ils s'élancèrent, intrépides, enthousiastes, ne voyant plus ni les balles, ni les obus, ni les trous que faisait dans leurs rangs le feu de l'ennemi, ni leurs camarades qui tombaient. La charge passa, fulgurante, irrésistible, aux accents de l'hymne national, comme aux plus belles heures de notre histoire. Le courage des hommes, mis à l'épreuve après les sanglantes défaites de Belgique, après la retraite des jours précédents, se réveillait, se ranimait. Les Français retrouvaient leur élan et leur mordant. Le geste magnifique de Franchet d'Esperey décida de la bataille... Gagnés par cette contagion d'enthousiasme, les autres régiments du 1er corps déployèrent aussi leurs drapeaux, et les trois couleurs, flottant superbement au-dessus de nos bataillons, semblaient ramener dans leurs rangs la victoire.

Comme toujours, nos fantassins furent sublimes. L'un d'eux, le ventre ouvert par un éclat d'obus, perdait ses entrailles. Il eut la force inouïe de les retenir et de marcher encore. La hideuse blessure s'élargissant, il tomba à bout de sang, et, mourant, exaltait encore le courage et le patriotisme de ses compagnons.

Les lignes allemandes ne tinrent pas devant la furieuse poussée française. En manière de gouaillerie et pour renvoyer aux clairons boches leur plaisanterie manquée, un de nos clairons sonna l'air de la retraite allemande. Il n'en était d'ailleurs pas besoin, car déjà les

Allemands tournaient les talons. Croyant vraiment obéir à un ordre, les cuivres teutons, sottement, répétèrent la sonnerie. Alors ce ne fut plus la retraite, mais la fuite et la débandade. Poursuivant l'ennemi, la baïonnette dans les reins, la brigade du général Margoulet enleva Monplaisir et Landifay.

Au Hérie-la-Viéville, les Boches résistèrent avec plus d'acharnement afin de couvrir leur retraite par la grand'route de Guise. Ils s'étaient retranchés dans les maisons et derrière les moindres murs du village. Il fallut les en déloger à la baïonnette. Le vaillant 127e se chargea de l'opération. Et après une nouvelle charge, menée avec l'ardeur croissante que donnait la victoire aux soldats, la bourgade tout entière tomba bientôt entre nos mains. Sur une crête voisine, l'ennemi avait abandonné une vingtaine de pièces de canons. Nos fantassins infatigables voulaient s'en emparer. Le général Sauret s'y opposa, prétextant que les Boches, connaissant l'emplacement exact des canons, repéreraient facilement les détachements français qui s'avanceraient jusque-là, et que ceux-ci se risquaient à un massacre inutile... La nuit était venue. A la faveur des ténèbres, les Allemands revinrent et réussirent à reprendre leurs canons. Par une prudence excessive, nous nous étions privés d'un joli et glorieux butin.

Maîtres du Hérie, les Français n'y rencontrèrent qu'un seul être vivant, une vieille religieuse qui, dédaignant la mort, était restée là — admirable émule de sœur Julie, « l'ange des ruines » de Gerbeviller — pour donner ses soins aux blessés. Tous les autres habitants avaient fui ou avaient été emmenés prisonniers.

Le colonel Ponclare organisa la position et prit des précautions contre un retour offensif des Allemands. Le sergent Joseph, payant toujours de sa personne, s'installa avec son intrépide section, aux avant-postes, face à Puisieux. Le reste du régiment cantonna dans le village du Hérie ; les hommes, harassés de fatigue durent coucher en plein air, tandis qu'autour d'eux, les maisons bombardées et incendiées au cours de cette bataille qui, pour nous, avait été un brillant avantage, achevaient de brûler et de s'effondrer.

Le lendemain cependant, il fallut abandonner Hérie. Le centre et l'aile gauche ayant cédé et s'étant repliés vers La Fère, l'aile droite ne pouvait s'exposer à demeurer seule, en flèche, sous peine d'être cernée. La mort dans l'âme, le général Franchet d'Esperey dut renoncer aux positions qu'il avait conquises, tandis que se poursuivait, un instant contenue, puis de nouveau débordante, la ruée sur Paris...

XII

DE GUISE A LA MARNE

(29 août-6 septembre.)

LA RETRAITE DU PREMIER CORPS

Dans la nuit du 29 au 30 août, notre aile droite victorieuse et qui ne savait pas que, sur les autres points du front, notre offensive n'avait pas été pareillement couronnée de succès, se disposait à profiter de l'avantage qu'elle avait gagné — de haute lutte — la veille, et à poursuivre vigoureusement l'ennemi sans lui donner le temps de souffler.

Vers deux heures du matin, les régiments se reformaient rapidement, tandis que des patrouilles partaient en reconnaissance. Elles revenaient bientôt après avoir aperçu les Boches qui creusaient des tranchées et se mettaient sur la défensive. Déjà des tranchées !... Et en pleine nuit, quelques heures après avoir essuyé un échec, l'habile et prudent Teuton, quoique formidablement organisé, armé et muni, demandait à de méchants trous — que nous avions le tort, nous, d'ignorer ou de considérer avec un dédain léger, et inutilement héroïque — l'abri de leurs parois de terre. Nous ne savions pas, nous ne comprenions pas, ou nous ne pouvions pas...

Nos fantassins attendaient l'ordre de marcher en avant. Admirables soldats, façonnés par les plus lointaines hérédités militaires. Malgré les fatigues des journées précédentes, malgré la bataille de la journée, malgré une nuit sitôt écourtée, ils étaient « parés », joyeux, ardents, prêts à se battre encore. Le brusque arrêt de l'avalanche ennemie, les Boches tenus en respect, puis refoulés, ces villages que nous avions traversés deux jours auparavant la tête basse, avec, même sans la honte de la défaite, l'amertume de Français dont l'ennemi contemple autre chose que la pointe de leurs baïonnettes, et où nous venions de rentrer, au son des clairons entraînant la charge : n'était-ce pas notre revanche, notre orgueil humilié se redressant soudain, et le Boche n'avait-il pas déjà senti la morsure terrible de notre amour-propre réveillé et de notre bravoure à l'épreuve?

Il était un peu plus de 2 heures. Un ordre arriva en effet. Mais au lieu de l'attaque, c'était la retraite... la retraite encore, à cause que les autres fronts n'ayant pu résister à la ruée des Barbares, l'aile droite était contrainte de se replier également. Et la retraite recommença.

Le premier corps se dirigea vers Faucouzy où les régiments prirent un court repos et achevèrent de se reformer. Puis il se remit en route vers Laon, par Montceau-le-Neuf, Pargny-les-Bois, Crécy-sur-Serre, Mortiers. Pour donner le moins de prise possible au tir de l'artillerie allemande, le général Franchet d'Esperey avait recommandé d'éviter les formations compactes, les colonnes serrées, tout ce qui pouvait offrir une large cible facile à repérer. Les hommes marchaient par sections de quatre séparées par un intervalle.

Pendant quelque temps, d'ailleurs, l'ennemi

hésita à se lancer à notre poursuite ; il croyait qu'il s'agissait d'une feinte et que nous cherchions, en simulant la retraite, à l'attirer dans un guet-apens. Sans doute, aussi jugeait-il plus sage et plus prudent de parfaire ses tranchées, ses lignes de défense, et de se ménager des abris sûrs et solides, en prévision d'un retour offensif de nos troupes.

La journée du 31 fut calme. Les hommes, manquant de vivres, déprimés par la chaleur et par l'impression qu'une fatalité inéluctable anéantissait leurs valeureux efforts personnels, absorbaient kilomètres sur kilomètres, sans mot dire, sans comprendre, sans essayer de comprendre... Dans l'après-midi, ils touchèrent du pain, et aussi de la viande, luxe alimentaire dont ils étaient privés depuis plusieurs jours.

Ils avaient laissé la ville de Laon à leur gauche et cheminaient par la forêt de Samoussy. Les étapes se succédaient, toujours plus longues, ne laissant dans la mémoire des soldats accablés que des images confuses, des noms imprécis : Coucy-les-Eppes, Corbény, Pontavert, Roucy, Treslon... Le 3 septembre, le 1er corps atteignait la Marne, qu'il franchit entre Château-Thierry et Épernay, sur des ponts de bateaux à Port-à-Binson, et sur les ponts de Damery et de Châtillon. A travers la forêt de Vassy, par Igny-le-Grand, Abbois, Saint-Martin, Montmort, il allait occuper le secteur Esternay-Sézanne (1) où il devait jouer un rôle particulièrement brillant, quand s'engagea sur les bords de l'Ourcq et du Grand-Morin la bataille formidable qui se termina par la victoire de la Marne.

Ce que fut exactement cette retraite de Guise au Grand-Morin, je laisse à l'un des témoins attristés de ces journées d'août-septembre, où la splendeur de l'été jetait une chape lourdement ironique sur le deuil de nos cœurs étreints par l'inconnu, le soin de la raconter. Cette page extraite du carnet de route d'un sergent du 127e,

(1) Les villages des Essarts-le-Vicomte, de la Forestière, de Chantemerle, à quelques kilomètres au sud de Sézanne et d'Esternay marquent la ligne précise où s'arrêta le 1er corps lorsque, le 5 septembre, arriva la dépêche du général Joffre qui ordonnait d'attaquer et de refouler l'ennemi. Le général Franchet d'Esperey, qui commandait le 1er corps et qui avait déployé toutes les qualités d'un grand chef, reçut alors le commandement de la 5e armée.

est un curieux témoignage de l'état d'âme de nos soldats durant cette période de la guerre, qui est demeurée longtemps enveloppée d'un mystère impénétrable, et qui, entre les opérations de la première quinzaine d'août — si copieusement relatées et parfois même amplifiées par les communiqués officiels — et la bataille de la Marne, a formé longtemps comme un trou noir que nul n'avait le droit de sonder ni d'éclaircir :

« Les sept jours qui suivirent la bataille de Guise furent, pour nos hommes, des jours de suprême tristesse, une sorte de marche au calvaire... La retraite et une retraite sans fin ! Ils s'en allaient sous un soleil implacable, torturés par la faim et la soif, mourant de lassitude. Ils parcoururent en totalité une trentaine de lieues. Le dernier jour, ils se figurèrent avoir franchi, dans leur dernière étape, 75 kilomètres d'une seule traite.

« Chaque matin, ils se demandaient : « Est-ce ici enfin qu'on attend l'ennemi? Est-ce ici, qu'on va lui résister? » Et toujours la même réponse : « Plus loin ! Plus loin ! » Ils marchaient silencieux, sans regard et sans pensée. Ils traversaient des bois, des champs, des rivières, des hameaux, des villages, des sites riants ou sauvages, des plaines fertiles, de riches vignobles. Ils ne voyaient rien, ils n'entendaient rien, ils ne remarquaient rien... Outre la faim, la soif, et les ardeurs d'une chaleur tropicale, ils avaient à subir les attaques continuelles d'un ennemi renforcé qui se précipitait en avalanche.

« Une nuit, dans la forêt de Vassy, l'arrière-garde avait fait halte et couchait à la belle étoile. Un poste d'écoute était établi en avant du bataillon, près de la grand'route... L'ennemi arrive avec son artillerie et s'arrête tout près. En face d'eux, nos soldats aperçoivent les Allemands en train de bivouaquer et qui chantent en faisant leur cuisine...

« Le 5 septembre, le régiment dépasse Esternay. Grande halte. Seulement, il n'y avait pas d'eau. Le puits le plus proche était aux Essarts-le-Vicomte, à 5 kilomètres de distance. Pour faire leur café, les hommes furent obligés de puiser à une mare, abreuvoir des chevaux, dont l'eau boueuse était corrompue et mélangée d'urine... Ils dormirent jusqu'à 3 heures face à Esternay.

« Le 6 septembre, à 3 heures, le réveil sonna. Les hommes reçoivent chacun deux biscuits. Puis les officiers lisent l'ordre du jour célèbre, et désormais historique, qui nous remplit tous de joie et nous rend courage : « ...Le moment n'est plus de regarder en arrière. Tous les efforts doivent être employés à attaquer et refouler l'ennemi. Une troupe qui ne peut plus avancer devra, coûte que coûte, garder le terrain conquis et se faire tuer sur place plutôt que de reculer... »

« Le colonel demande s'il y a des hommes trop fatigués, ou s'il en est qui manquent de cœur pour affronter cette bataille, et il ajoute : « que ceux-là se retirent ! » Personne ne voulut se soustraire au devoir... »

XIII

LES TAXI-AUTOS DE PARIS A LA BATAILLE DE L'OURCQ

Paris a une dette de reconnaissance envers les taxi-autos. Ces modestes véhicules, en forme de boîtes à sel, peints en rouge lie de vin ou en vert bouteille, et qui mettent dans les rues de la capitale tant d'animation et de trépidation, ont contribué, eux aussi, à leur façon, à briser la ruée des Barbares. Lors de la bataille de l'Ourcq, le général Galliéni eut l'ingénieuse idée de réquisitionner les taxis pour transporter des troupes destinées à renforcer l'armée du général Maunoury aux prises avec un ennemi supérieur en nombre. Par une coïncidence curieuse, le convoi de taxis réquisitionnés fut organisé, et conduit sur le terrain d'action, par trois membres ou anciens membres du Parlement, officiers du service des transports. Je dois à l'amitié obligeante de l'un d'eux, M. Alexandre Lefas, le distingué député d'Ille-et-Vilaine, de pouvoir reproduire une lettre personnelle qui relate les multiples incidents de cette opération — très parisienne — mais qui n'en fut pas moins un des facteurs de la victoire de l'Ourcq et de la Marne. Ecrite au lendemain même des événements qu'elle rappelle, cette lettre, qui n'était nullement destinée à la publicité, garde un ton familier, pittoresque, et d'autant plus vivant, qui ajoute à l'intérêt du récit. C'est un document tout à fait original, et je ne saurais trop vivement remercier M. Alexandre Lefas de m'avoir autorisé à le joindre à ce livre de souvenirs, dont il constituera certainement un des chapitres les plus appréciés.

Je venais de quitter la garde, me promettant de réparer ma nuit blanche par un bon somme, lorsqu'à onze heures :

« Drelin din ! »

(Pas de réponse).

— Drelin, din, din !

— Qui est là?

— Cycliste de la direction des transports.

— C'est vous, Petit-Breton. Qu'y a-t-il de nouveau?

— Ça commence à chauffer. Le gouverneur de Paris demande 1 200 taxi-autos.

— Je vous suis. Priez mon collègue du service de téléphoner aux garages.

Vingt minutes après, j'étais à la direction.

— Il faut que vous partiez, me dit de La Rochethulon. Secret absolu. Le gouverneur veut 1 200 taxis, conduits par deux officiers, rendus à deux heures du matin à T... Vous allez partir avec La Chambre, et ce que nous allons trouver de taxis. Le reste vous rejoindra demain.

— Bon, mais qu'est-ce que nous allons faire ?

— Je l'ignore, mais sûrement une opération de guerre. Transport de troupes, apparemment.

— Alors on va s'équiper.

— Vous n'avez pas le temps. Départ à minuit et demie. (De fait les autos commençaient à rappliquer).

— J'ai juste le temps, et j'y cours.

— Toc ! Toc ! Vite ! M. Mollard, du café, un bol, et de quoi remplir ma gourde. Fourrez ces cartouches dans mon revolver. Où sont mes jambières... Bon sens de bon sens ! Ah ! les voilà ! Un morceau de pain?... non, pas le pain tout entier !... Qu'est-ce qui me manque? Ma carte, mon sifflet, mon cache-képi. Minuit et demie ! Zut ! je vais être en retard de trois minutes.

En effet, les taxis défilaient à toute vitesse, et cette longue série de lumières se poursuivant en silence ne laissait pas que de faire sensation sur le passage.

— F... le camp! me crie La Rochethulon de loin, en guise d'adieu.

— La Chambre est en tête? Il a les instructions?

— Oui! f... le camp... Porte de la Villette.

Course folle de mon taxi à la poursuite des autres, dans le noir des rues, éclairées à la mode de Bretagne.

Je rejoins le convoi place de la Concorde. Quelques autos commencent à flairer l'aventure, et font mine de rester en arrière.

— Passez devant! entendez-vous! suivez la colonne. Je marche le dernier. »

Rue de Flandre, un brave taxi, qui rentrait paisiblement, s'arrête, médusé, pour questionner deux agents. Je me précipite sur lui : « Je vous réquisitionne. Ordre du Gouverneur de Paris. Suivez! »

Le malheureux lève les bras en l'air. Il interroge de l'œil les agents. Ceux-ci font un geste : il n'y a qu'à suivre.

« — Comment c' qu'on marche? Au compteur? — Allez-y! Hop! »

Porte de la Villette: les pavés sont enlevés, sauf un étroit passage. Des barricades sont préparées en avant de la porte. Nous prenons la route du Bourget, toute droite, interminable. De distance en distance, des arbres abattus en travers de la chaussée, des charrettes, obstacles contre les surprises d'automitrailleuses, des postes de territoriaux.

Le convoi s'étrangle, ralentit, puis repart. En avant, des feux scintillent. On s'est battu pas très loin de là, avant-hier. Le commandant de gendarmerie de Saint-Denis m'a dit qu'il avait entendu le canon toute la journée.

Nous défilons toujours. La plaine Saint-Denis est immense et morne. Une odeur nauséabonde, que je ne m'explique pas, me parvient de temps à autre. Ce relent, je ne l'ai identifié que le lendemain, devant le cadavre ballonné d'un cheval :

« Voilà pour bien longtemps une funèbre plaine :
Ce soir, l'odeur du sang ; demain, l'odeur des morts. »

Une heure du matin, une heure et demie, le convoi roule toujours. Une brume légère et blanche se lève de terre, sous un clair de lune fantomatique et radieux. Le paysage prend un charme idéal.

Mais je ne m'explique pas notre direction. Un briquet électrique à la main, j'explore la carte. Il doit y avoir erreur ; à moins que d'autres instructions n'aient été données.

On stoppe. Je cours à perdre haleine vers la tête.

« Ah ! vous voilà ! — Comment, La Chambre, vous n'avez pas pris de manteau? — Rien du tout. On m'avait seulement téléphoné de venir au bureau. La Rochethulon m'a prêté un sabre ; et j'ai pris le ceinturon de l'officier d'administration. »

Le secret a été bien gardé dans les préparatifs. Nous nous tordons. Puis je constate qu'on s'est trompé de direction, grâce à un chauffeur qui prétend connaître le pays. On rectifie rapidement. Par mesure de précaution, les lanternes sont éteintes.

Deux heures, place de T..., devant la mairie. Les taxis se bousculent, au lieu d'arrêter ; les voici par trois et quatre. Comment désembouteiller la rue, s'il passe un autre convoi? Je cherche un habitant pour m'orienter.

— Il n'y a plus personne, mon lieutenant. Le bourg est évacué.

« Évacué? — Oui, mon lieutenant. Il n'y a plus que la troupe. Toutes les maisons sont vides. — Pas même un café d'ouvert? — Rien. »

Première notion inattendue. Je sens que j'apprendrai quelque chose, cette nuit-là. Mais ce que j'apprends aussi,. c'est que nous n'allons rien trouver pour nous restaurer. Providence de M. Mollard, que j'eus tort de diminuer votre ration !

En tartinant un sandwich, je songe qu'ayant faim à deux heures du matin, nous aurons encore plus faim à sept heures... et à midi. Il me reste un quart de livre de pain, et une demi-boîte de foie gras pour deux. Et nos chauffeurs?

La mairie. Une salle en bas, jonchée de paille, pour les secrétaires de l'état-major; on y dort, on y mange, et sur le coin d'une table, un sergent copie des ordres à la chandelle. Au premier, les officiers d'état-major.

« Mon capitaine, nous sommes le convoi envoyé par la Place. — Quel convoi? — Le convoi d'automobiles. — Pourquoi faire? — Nous n'en savons rien. — Qui est le chef du convoi? — C'est moi. — Vous n'avez pas d'ordre écrit? — Aucun. — Attendez. Nous allons téléphoner pour en provoquer. »

On téléphone à un poste, qui renvoie à un autre, lequel en suggère un troisième. Le secret est toujours bien gardé. Les quarts d'heures s'écoulent. Arrive un second convoi de 150 autos militaires. J'y retrouve mon collègue Poulain qui en fait partie. Le capitaine Roy, qui les conduit, n'en sait pas plus que nous. On attend. Trois heures sonnent, quatre heures. Enfin l'ordre arrive.

« Tenez-vous sur la route de D..., à la disposition du général commandant la 6e armée. »

Nous sortons. Le jour s'est levé. Un régiment d'artillerie défile, puis un autre, puis un train régimentaire d'infanterie. A notre tour, maintenant. Nous filons par un chemin de terre. Les autos se dandinent à droite, à gauche, montent sur la berme, descendent dans l'ornière, font du steeple avec une souplesse dont on ne les croirait pas capables. Les chauffeurs ont pris leur parti de l'aventure, simplement et non sans mérite. Ils examinent en connaisseurs un aéro, qui vole à notre droite : « C'est un français. »

Nous voici sur la grand'route de D... Tiens ! des dragons. Ils passent à côté de nous, tout jeunes, penchés sur leurs chevaux, la lance en avant, comme s'ils couraient enfoncer les Boches. A leur tête, le général de Mitry, en tenue de dragon, lui aussi, deux étoiles sur la manche, l'air heureux et la pipe aux dents.

Voici une compagnie de chasseurs cyclistes. Ils semblent fatigués. Parmi eux, quatre sapeurs et un officier du génie. A mon tour d'interroger : « Vous faites sauter les ponts? — Nous n'avons fait que cela, jusqu'ici. Maintenant il va falloir reconstruire. » *Maintenant* : cela veut dire qu'on refoule l'ennemi. Allons ! acceptons-en l'augure.

Des dragons, de nouveau, puis des chasseurs alpins avec leurs mulets. De l'artillerie, encore de l'artillerie. Des cuirassiers à présent. Pas d'erreur. C'est toute une division qui se précipite en avant.

L'entraînement nous gagne. A des officiers, qui le questionnent au passage, La Chambre déclare tout de go que nous allons transporter des renforts. Il est ravi d'avoir trouvé ce réconfort moral. Je souhaite sincèrement qu'il dise juste. En attendant, nous ne savons toujours rien.

Boum ! Voilà le canon. Boum ! Crâ-â-crâ ! Boum ! Un coup n'attend plus l'autre. Je regarde en dessous mes chauffeurs. Ça ne va pas sans quelque effet, c'est certain. Tous néanmoins font bonne contenance.

— Ce n'est pas loin? réfléchit pourtant l'un d'eux.

J'émets tranquillement l'opinion contraire, doublant à tout hasard les distances dont on parle. On se tait. C'est fini. La canonnade continue sans interruption. Il est huit heures. Nous l'entendrons jusqu'à onze heures et demie. L'oreille s'y fait. On est content de savoir que nous passons à l'offe sive, et la note devient tout à fait optimiste.

Ordre de marcher en avant. Nous croisons une intendance. Je me précipite à la recherche de vivres. Les chauffeurs, pas plus avertis que nous, n'ont rien mangé ni bu depuis la veille ; et midi va sonner. Déception ! le convoi repart. Heureusement, il s'arrête à nouveau. On m'appelle en tête de la colonne. En l'absence momentanée du capitaine, je suis chef de convoi. Un officier de l'état-major de la 6e armée me prévient que nous sommes trop en avant, qu'il ne faut pas dépasser D...., près duquel nous nous trouvons. Notre mission? Nous la connaîtrons ce soir. Peut-être évacuer des blessés sur la gare de P... Perspective lamentable, qui douche le bel enthousiasme du matin. Enfin, quoi qu'on nous demande, il faut nous préparer à l'accomplir. Sans perdre de temps, j'envoie deux autos à Paris, avec un rapport au général Directeur des Transports, pour qu'on nous envoie des vivres, de l'essence, des pneus, bref un ravitaillement complet. Je prends le nom des chauffeurs détachés. Inutile: tous sont revenus, sur la simple déclaration que je leur ai faite, qu'abandonner des camarades serait une lâcheté.

Entre eux et nous, la confiance s'est établie de suite. Ce sont des gens braves et de braves gens. Malgré l'heure et la fatigue, ils ne réclament rien. Aussi La Chambre et moi nous démenons-nous de notre mieux afin de les pourvoir. L'intendance nous livre du singe, des biscuits et du vin. Pas d'eau. Les conduites sont coupées. Il faut envoyer à 2 kilomètres chercher de l'eau sale pour les radiateurs.

Nous avons une demi-barrique de vin, mais aucun moyen de le distribuer, les chauffeurs n'ayant ni verres ni bouteilles. Je cherche au hasard dans le village le plus proche. Pauvres maisons abandonnées ! C'est un serrement de cœur à chaque porte. Toutes sont ouvertes. Là où la porte était barricadée, on a fait sauter la fenêtre. On entre : le sol est jonché de paille, l'intérieur en désordre. Je finis par trouver un robinet pour le tonneau. Dans une cave, mon chauffeur déniche 200 bouteilles vides, parfaitement lavées. Sauvés ! Je vais m'étendre un peu, non loin d'un cheval mort, dont la puanteur suffoque.

Pauvres chevaux ! On ne se figure pas comme ils deviennent intéressants à la guerre. On les plaint, on les ménage, on les mène, — et ils suivent, — jusqu'au bout. Il en est venu un, qu'un cuirassier à pied traînait par la bride. L'homme avait passé les rênes dans son coude, tant la pauvre bête tirait en le suivant, pas à pas, avec de bons gros yeux hors de la tête, qui disaient si bien la bonne volonté d'aller tant qu'il le pourrait.

Il est tombé devant nous, sur la route, à plat, la langue tirée, les jambes raides. L'homme a pris son bridon, et s'en est allé.

Quand je suis repassé, une heure après, les chauffeurs apitoyés lui avaient apporté quelques gouttes d'eau ; il ne pouvait pas se lever ; mais il allongeait sa tête vers les maigres herbes de l'accotement. On l'a caressé, soigné. Je l'ai revu debout. Il avait fait deux pas. Il essayait de paître.

Et je pense que c'est bien de la guerre, cette école de fraternité et d'énergie farouche ; où chacun donne tout ce qu'il peut, et plus qu'il ne le peut ; sans qu'on puisse savoir à quel point la leçon vient de l'homme ou de la bête.

A quatre heures, surprise des meilleures. Le général Laude arrive en personne. Brossard, l'officier d'administration, a fait merveille. Ils apportent 600 rations de pain, de la viande, du sucre, du café, du chocolat, 220 bidons d'essence, une voiture de réparation avec des pneus, des chambres à air, des bouteilles d'air comprimé pour les gonfler.

Hourra ! en ordre pour la distribution...

Pas du tout. Coup de sifflet. Demi-tour. Nous partons à 30 kilomètres en arrière, embarquer une division d'infanterie, que nous ramènerons à Nanteuil, sur le front.

Arrêt en passant à S... La ville n'est pas évacuée : cela paraît drôle, et cela fait plaisir de revoir des petits enfants. Pauvres mioches ! on oubliait leur existence.

Nous dînons là : premier repas sérieux depuis la veille. En route maintenant. Quatre à cinq fantassins par taxi, avec armes et bagages. Nuit noire. Lanternes éteintes. Quarante kilomètres à faire. Comment cela va-t-il marcher? Il y a vingt-quatre heures que les chauffeurs n'ont dormi ; et ils viennent de casser la croûte au café.

Eh bien ! cela s'est passé à merveille. La Providence y a veillé sans doute, car nous n'avons pas un accident à déplorer, mais des ruptures de convoi et des encombrements, Dieu sait comme ! En avant de D..., nous nous apercevons tout à coup que le convoi s'est coupé en deux. Quelques voitures nous suivent seules. Où sont les autres? Il faut retourner les prendre à 6 kilomètres en arrière. Juste à l'entrée de D..., panne de taxi. Heureusement la voiture de réparation vient à passer. Ce qu'elle a fonctionné cette nuit, pour les autos de tout poids et de toute sorte !

Tandis qu'on répare, je m'installe au carrefour, en avant de D... Les carrefours sont de bons endroits, où l'on voit et où l'on apprend des nouvelles. Des traînards passent, sans sac, efflanqués dans leur capote. — D'où venez-vous? — Ils sursautent, et répondent d'une voix blanche : « Nous venons de la ligne de feu... Nous cherchons nos camarades... » Ils racontent des histoires apeurées. Les Prussiens avancent. Ils sont près d'ici, à la gare de Plessis. Le poste vient de tirer sur eux.

L'instant d'après, arrive une patrouille de forestiers, des braves gens bien las. On les a chargés de reconnaître la ligne de chemin de fer, abandonnée par l'ennemi qui recule. Ils l'ont trouvée en parfait état, de Nanteuil au Plessis ; et voilà qu'arrivant au Plessis, les territoriaux de garde les ont pris pour des Boches, et ont fait feu ! C'était donc là l'histoire de tout à l'heure. Heureusement il n'y a pas eu de mal. Ils me demandent de les ramener en auto quand nous reviendrons. J'y consens de bon cœur. Ils l'ont bien mérité.

Un lieutenant d'artillerie passe tranquillement à la recherche du parc, avec sa section de munitions, composée de territoriaux. Les Allemands ont fait poum, poum toute la journée, sans grands dommages pour lui : deux chevaux tués, un homme blessé au pied. Ils paraissent retranchés sur le plateau qui domine Nanteuil.

Je le regarde s'éloigner par le petit chemin, étroit et sinueux, qui conduit vers G... Est-ce une illusion? Un ronflement d'autos se fait entendre de ce côté. Une trombe de taxis nous arrive. En tête, un général de brigade. Il demande la direction de Nanteuil. Je l'indique. Il repart à toute vitesse. C'est le complément de nos mille taxis, qui vient par cette route. Bravo pour la manœuvre ! Ils passent interminablement par paquets irréguliers. A chacun, il faut indiquer la route. Les soldats dorment malgré les secousses, les cahots, aplatis dans la capote de la voiture, sans mouvement, et ce défilé de fantômes est impressionnant au clair de lune.

Minuit. Je m'impatiente vainement. La réparation se fait avec une lenteur désespérante. Les ouvriers sont éreintés. Mon chauffeur se trouve malade. Depuis quarante heures, il n'a pas dormi. Que faire? Il se redresse dans un sursaut d'énergie. Il ira jusqu'au bout.

Nous voici repartis. Arrêt au Plessis. Encombrement terrible. Les voitures arrivent les unes sur les autres. Elles s'entassent par quatre, par huit, à plein la route. Comment se dégageront-elles? On fait descendre les hommes. Ils sont arrivés, eux. Mais nous? Un phare électrique s'allume. C'est l'auto du capitaine Roy. Je me précipite vers lui. Ordre de retourner d'où nous venons, chercher ce qui reste de troupes.

Je commence à être abruti. C'est la troisième nuit que je veille, en comptant ma nuit de garde. Les chauffeurs doivent être à bout de forces. Le mien accepte héroïquement de repartir. J'ébauche une somnolence, coupée à chaque instant par d'abominables cahots.

De place en place, sur la route, des taxis en panne, ou qui dorment. Halte ! en voici soixante qui soutiennent avoir reçu l'ordre de rester là. Nous sommes de retour à D... J'invite mon conducteur à faire un somme dans sa voiture, en attendant d'éclaircir la situation. Au bureau de poste, un sapeur dort sur la table devant le téléphone. Il se réveille. Nous essayons de téléphoner. Peine perdue. Tout le monde dort ou est en route. Une heure du matin. Il faut en sortir. Je secoue tout mon monde. En route vers le ravitaillement en essence, d'abord, vers Sevran ensuite.

L'aube s'est levée. Tout le long du chemin nous retrouvons des autos. A l'arrivée, nous sommes deux cents. La Chambre rejoint avec cent autres. Il n'y a plus de troupes à transporter. Le dernier bataillon, 1 000 hommes, a pris le chemin de fer à minuit, dès qu'on a su la voie intacte.

Tant mieux ! car je ne veux plus rien demander à mes chauffeurs sans les avoir fait dormir et manger. Ils ont été d'une vaillance et d'une sobriété au-dessus de tout éloge. Cela fait deux nuits et un jour qu'ils marchent sans interruption ; et aucun n'a dit un mot, sinon pour témoigner de la satisfaction de remplir son devoir. Cela mérite vraiment qu'on prenne soin d'eux.

Nous téléphonons à la Direction des Transports pour rendre compte. On nous annonce des ordres. A dix heures, un officier de l'état-major du Gouverneur vient nous prescrire de rentrer à Paris.

En arrivant aux Invalides, nous croisons une

bonne nouvelle : l'arrivée de 1 500 prisonniers allemands.

Le général nous reçoit affectueusement.

Il nous envoie dormir : « Merci, mon général ; ça n'est pas de refus. »

DEUXIÈME PARTIE

Quelques étapes de la Course à la Mer

I

LES COMBATS DE DOUAI ET DE LILLE

8 octobre 1914.

Solidement maintenus par nos troupes entre l'Oise et Arras, impuissants à faire une trouée sur Amiens, les Allemands ont cherché à se faufiler par le Nord en longeant la frontière belge...

Ils ont d'abord réoccupé Douai. Des éléments territoriaux défendaient la ville. L'ennemi a jeté contre eux des troupes beaucoup plus fortes et beaucoup plus nombreuses. Il avait un gros intérêt à prendre une position qui lui permettait de lier son front du Pas-de-Calais à la nouvelle ligne offensive qu'il comptait établir dans le Nord... Il n'y a pas à s'étonner, au contraire, que des territoriaux fussent seulement à la défense de cette position d'un intérêt médiocre pour nous. L'essentiel était d'assurer une résistance énergique et le plus longtemps possible, à l'attaque allemande. C'est ce qu'ont fait nos territoriaux. Ils se sont battus avec tant de vaillance que l'action allemande a échoué le premier jour. C'était le mercredi 30 septembre. L'ennemi, qui s'avançait sur Douai, dut s'arrêter à Auberchicourt.

Le lendemain, un Zeppelin et quelques tauben survolèrent Douai et les environs pour reconnaître nos forces. Les Allemands firent avancer de nouvelles troupes et renforcèrent leur artillerie. Les faubourgs de Douai furent bombardés.

Devant l'avance d'un ennemi très supérieur en nombre, les nôtres se replièrent, mais en bon ordre et en défendant le terrain pied à pied. La retraite bien couverte permit d'évacuer rapidement la ville. Les cheminots firent preuve, en cette circonstance, d'un dévouement qui faillit coûter la vie à plusieurs d'entre eux. Au moment où les derniers trains quittaient

Douai sous les obus qui tombaient, deux employés furent blessés.

Le jeudi à 10 heures seulement, les Allemands firent leur entrée dans la ville. Nos troupes leur avaient infligé des pertes sérieuses. Le feu de nos mitrailleuses, très habilement maniées par les territoriaux, fut particulièrement meurtrier.

Le dimanche suivant, 4 octobre, les Allemands tentèrent de prendre Lille en économisant davantage leurs hommes, et firent montre de ruse et d'audace. Un train blindé, rempli d'environ 500 uhlans, partit de Tournai et arriva dans la matinée à Lille. Il n'entra pas toutefois en gare. Un employé avait reconnu les Allemands, malgré que certains eussent arboré des casquettes anglaises et fissent étalage d'une cordialité de traîtres en se montrant aux habitants qui regardaient le train passer et en leur faisant de perfides saluts. L'employé très avisé, aiguilla sur une voie de garage le train qui vint heurter le butoir.

Furieux d'être joués, les Allemands descendirent précipitamment du train qui, attelé d'une machine à l'arrière, repartit en vitesse, et, sans motifs, ils tirèrent sur la population. Ceci se passait au faubourg de Fives que traverse la ligne Tournai-Lille. C'était l'heure du marché. De nombreuses personnes faisaient leurs provisions. Plusieurs furent atteintes par la fusillade des uhlans. Dans les maisons, les fenêtres ouvertes, des balles frappèrent les habitants. Une jeune femme fut tuée ainsi.

Les misérables avaient compté sans nos braves petits soldats. Le matin même était arrivé à Lille le 20e bataillon de chasseurs à pied. Ce fut pour ceux-ci l'occasion soudaine de se montrer. Ils se déployèrent en tirailleurs, et, s'abritant derrière des voitures, des paniers, des tonneaux vides, firent pleuvoir un feu si juste et si nourri que les uhlans durent céder le terrain. Un témoin de ce beau fait d'armes nous a raconté qu'un de nos soldats, tireur merveilleusement habile, se faisait passer un fusil chargé à l'avance par ses camarades et à chaque coup abattait son uhlan.

Vainement des fantassins allemands, débouchant par le faubourg Roubaix-Lille-Tourcoing, accoururent-ils prêter main-forte aux uhlans. Malgré leur nombre, qui s'élevait à plus de deux mille, ils ne purent tenir davantage devant la fusillade terrible de nos soldats. Une courte canonnade acheva la déroute des Allemands.

Le faubourg de Fives a cependant beaucoup souffert de ce combat. Des uhlans, qui s'étaient réfugiés dans les maisons, y mirent le feu avant d'en être délogés par les Français. Dans d'autres, ils fusillèrent lâchement les habitants, saccagèrent les logements, brisant les meubles, vidant les tiroirs, enlevant boissons et victuailles. Quelques-uns de ces misérables soudards, pour s'être attardés à ripailler tandis que leurs camarades se battaient, furent faits prisonniers et ramenés, à Lille, par nos soldats victorieux.

Le lundi 5, quelques engagements se produisirent, sans grande importance, entre l'arrière-garde allemande et des patrouilles françaises. Pendant toute cette semaine, Lille fut ainsi préservée de l'occupation ennemie.

***

La capitale de la Flandre française devait payer cher sa résistance. Quelques jours après les événements que nous venons de raconter, les Allemands revenaient en nombre et bombardaient Lille. L'un des quartiers les plus commerçants — celui de la gare — a eu le sort de Reims et d'Arras.

Il n'y a pas de mots pour rendre l'indignation que provoquent les crimes des Teutons. Les misérables jouent du canon contre les villes et les populations, comme l'apache, dans la rue, joue du couteau contre le passant inoffensif.

Refaisons, jour par jour, le calvaire de la grande ville française du Nord. Le samedi 10 octobre, vers 5 heures du soir, arrivent des uhlans, ces escarpes à cheval de la bande du kaiser. Des coups de feu les accueillent. Plusieurs sont démontés. Les autres furieux se rendent à la mairie, prennent en otage le maire, M. Delesalle, M. Ducastel, conseiller municipal, et plusieurs employés. Surviennent à ce moment nos chasseurs à cheval qui délivrent les otages, mettent en fuite les uhlans, les poursuivent, carabine et sabre en main, par la rue Nationale.

Il faut aux Allemands une revanche immédiate. Il est 5 heures et demie du soir. Le bombardement commence, et puisque le maire n'a pu être pris, c'est l'hôtel de ville qui sert de cible. Les premiers obus tombent sur la toiture... Ce n'est encore qu'une ondée, mais à 7 heures, la mitraille pleut intense, terrible et sans arrêt.

Elle se calme dans la nuit. Le lendemain dimanche, 11 octobre, elle reprend de bon matin et ne cesse, furieuse, qu'à midi. Après une nouvelle accalmie l'après-midi, le bombardement recommence presque toute la nuit. Il met le feu en plusieurs points de la ville : les barbares poursuivent leur sinistre besogne.

Cela dure encore le lundi. De temps en temps, une courte interruption berce les victimes de l'illusion que c'est la fin. Et puis la canonnade reprend. Le cauchemar persiste.

Dans la nuit du lundi au mardi, une vive

fusillade succède au bombardement. Bravement les territoriaux essayent de défendre Lille. Sous le nombre de l'ennemi, ils doivent y renoncer, mais ils lui font payer cher son crime et son audace.

A 10 heures du matin, le mardi 13 octobre, les Allemands, musique en tête, font leur entrée dans Lille, et contemplent avec une joie féroce les ruines qu'ils ont amoncelées. Un taube décrit au-dessus de la ville un large cercle qui voudrait être un signe de victoire et qui n'est qu'un cercle de mort...

Tandis que les Barbares s'installent dans les parties de la ville qu'ils n'ont pas transformées en brasier, une foule d'habitants, d'étrangers, de réfugiés, s'enfuient par la porte de Fives, vers Roubaix et Tourcoing. Dans les belles rues du centre, hier si animées, si grouillantes, et qui donnaient à ce coin de Lille un air de petit Paris, les hautes façades des maisons éventrées et léchées par les flammes semblent des carcasses toutes prêtes à s'effondrer.

Les Allemands ont visé à dessein ce quartier

qui était le centre des affaires. Les grandes artères, la rue Faidherbe, la rue de Paris, la rue de Béthune, le parvis Saint-Maurice, la rue de l'Hôpital-Militaire ont été la proie des flammes.

Devant les ravages et les progrès de l'incendie qui menaçait de consumer la ville tout entière, force a bien été aux Allemands eux-mêmes de combattre le feu. Ils ont appelé à l'aide les pompiers de Roubaix, de Tourcoing et des localités environnantes. Les pompiers sont parvenus à localiser l'incendie ; plusieurs de ces braves ont été blessés par des éclats d'obus qui tombaient encore çà et là...

Depuis le 13, Lille a retrouvé un peu de calme. Des immeubles achèvent de brûler. Mais le feu ne s'est pas étendu...

Dans les premiers jours du mois de novembre, j'ai rencontré, à Boulogne-sur-Mer, un père jésuite qui avait réussi à quitter Lille pour se rendre à Dijon où il devait se présenter devant

10

le conseil de révision. A la faveur d'un épais brouillard, il avait franchi les lignes ennemies, passé la frontière, traversé la Belgique, partie à pied, partie en chemin de fer — les trains ne circulant que sur certaines lignes — et gagné la Hollande où il s'était embarqué pour l'Angleterre et de là pour Boulogne.

Sur l'occupation allemande au lendemain du bombardement, il me donna ces renseignements :

Après leur entrée triomphale à Lille, musique en tête — le lendemain du bombardement (13 octobre) — les Allemands occupèrent militairement la ville. Ils prirent comme otages le maire, l'évêque, le préfet et un certain nombre de conseillers municipaux et de notabilités qu'ils obligèrent à venir tour à tour à la citadelle, à la disposition des autorités, et à rester des heures durant sous la surveillance de soldats, baïonnette au canon. Ils exigèrent également une rançon, firent des réquisitions chez les commerçants, mais commirent en somme peu d'exactions, et en tout cas aucune violence ni atrocités.

Ce qui frappa le plus les Lillois, ce fut l'état d'épuisement des soldats allemands à leur arrivée. Un grand nombre de ceux-ci, n'ayant même pas le courage de chercher un gîte, se couchèrent le long des trottoirs et des maisons et dormirent en pleine rue. Des cavaliers ne pouvaient plus tenir sur leurs chevaux. Les bêtes elles-mêmes avançaient avec peine. Vainement, la fanfare bruyante qui précédait ce pitoyable cortège cherchait à donner le change par l'éclat de ses cuivres. Il n'y avait aucun enthousiasme.

Quelques jours après, pour réparer sans doute l'impression causée par la vue de ces troupes harassées, furent amenés des régiments à l'équipement tout flambant neuf, qui défilèrent au pas de parade à travers les rues de Lille. Seulement, nouvelle stupéfaction des Lillois, ces régiments étaient composés moitié de vieillards aux cheveux blancs, moitié de tout jeunes gens de seize à dix-huit ans, gamins imberbes, collégiens à peine sortis des bancs du gymnase, et dont un grand nombre portait de grosses lunettes rondes d'écoliers myopes.

On avait raconté à ces malheureux gosses ou vieillards que la France était vaincue, que Paris s'était rendu, et qu'ils allaient à Paris prendre part à la grande revue que l'empereur devait passer de ses troupes victorieuses !... Leurs illusions commencèrent à s'envoler quand ils entendirent gronder le canon. Mais indicible fut leur déception quand, se croyant arrivés à Paris, ils surent qu'ils n'étaient qu'à Lille et mesurèrent sur la carte tout le chemin à parcourir jusqu'à Paris. Beaucoup pleuraient, à faire pitié, et disaient qu'ils voulaient retourner chez eux. D'autres ne cachaient pas que si on les envoyait au feu, ils se rendraient prisonniers immédiatement. Leur désenchantement et leur tristesse à tous étaient lamentables.

Le bluff et le mensonge étant parmi les articles fondamentaux de la kultur germanique, les Allemands imaginèrent un autre moyen pour prouver leur force et leur victoire. Ayant fait prisonniers, aux environs, une centaine d'Anglais, ils voulurent faire croire qu'ils avaient opéré une capture beaucoup plus importante, et trouvèrent spirituel de promener leurs prisonniers par les mêmes rues, à plusieurs reprises, comme s'il s'agissait de convois successifs. Ce truc de directeur de théâtre à court de figurants fut bien vite découvert par les Lillois qui, au troisième tour, reconnurent les soldats anglais. Il y avait entre autres un grand diable qui dominait par sa taille tous ses camarades. Sa présence seule dans le défilé répété des prisonniers suffisait à dénoncer le stratagème puéril des ineffables Boches.

En revanche, des officiers allemands furent, eux, très sérieusement impressionnés par la présence à Roubaix et Tourcoing d'un assez grand nombre d'hommes d'apparence jeune et plutôt robuste, exemptés, réformés ou non mobilisables. Ils en firent la remarque, et, surpris, demandèrent si la France n'avait pas fait la levée en masse de tous les hommes de dix-huit à cinquante-cinq ans. Sur la réponse négative qui leur fut faite, ils parurent atterrés et ne purent retenir une exclamation de profond désappointement : « Alors, la France dispose encore de nombreuses réserves d'hommes !... »

Notre interlocuteur ajouta ces renseignements précis sur les dégâts causés par le bombardement : ils sont localisés dans un seul quartier, celui qui s'étend entre la gare et la préfecture. Toutes les maisons comprises entre la rue Faidherbe, la rue de l'Hôpital-Militaire, la rue de Béthune et la rue du Molniel sont détruites. De la préfecture, en ligne droite, on voit la gare. Tout est rasé : le reste de Lille est à peu près intact. L'hôpital militaire, la préfecture et le palais des Beaux-Arts n'ont pas souffert du bombardement.

II

LE BOMBARDEMENT D'ALBERT

Amiens, 5 octobre 1914.

Les Allemands ont bombardé Albert. A mi-chemin entre Amiens et Arras, cette petite ville est une des plus industrielles de la Somme. Elle possède de nombreuses usines et d'importantes entreprises. C'est, en outre, le lieu d'un antique pèlerinage à la Vierge, honorée sous le nom particulier de Notre-Dame de Brebières. L'ancien doyen, Mgr Godin, homme d'un grand dévouement et d'un goût artistique très sûr, avait fait élever une basilique de style byzantin, qui était l'un des plus beaux édifices religieux modernes. La basilique est le centre d'une vie intense ; chaque année les pèlerins s'y rendent en foule, et l'ont surnommée la

« Lourdes du Nord ». Du train de Lille, on aperçoit le grand dôme doré et la vierge dorée qui étincellent au sommet du clocher.

Son double caractère de centre religieux et économique désignait Albert à la fureur des Barbares, qui s'efforcent de poursuivre contre nous une véritable guerre d'extermination, sur tous les terrains...

Nous avons vu, à Amiens, M. Monchy, conseiller municipal d'Albert, qui a assisté au bombardement de la ville ; avec infiniment d'amabilité, il a bien voulu nous faire le récit des heures tragiques qu'il a vécues et nous confier ses douloureuses impressions.

— « C'est mardi 29 septembre, nous dit-il, que le bombardement a commencé... Depuis plusieurs jours, nous vivions « dans le canon ». Nous assistions à un feu d'artifice d'obus au-dessus de nos têtes. Mais la ville était sauve.

» ... Il était exactement 4 heures de l'après-midi. Tout d'un coup, nous entendons un long sifflement étrange suivi d'un éclatement et d'un fracas formidable. Aucun doute n'était possible. Les Allemands bombardaient Albert...

» Je me réfugie avec ma femme, mon petit garçon âgé de sept ans, quelques domestiques et ouvriers de ma scierie, dans la cave de notre concierge. A partir de ce moment, les obus ne cessent de pleuvoir. Nous écoutons avec émotion leur sifflement sinistre et le bruit terrible de l'écroulement des maisons... Un coup retentit plus formidable à nos oreilles ; une épaisse fumée envahit la cave ; des pierres, des fers tordus, des décombres arrivent par la porte et le soupirail... C'est un obus qui vient d'emporter le grand portail de mon usine. La fumée et la poussière rendent l'atmosphère irrespirable. Nous risquons d'être étouffés. Notre position est intenable.

» Je décide de quitter la cave de la concierge pour aller nous réfugier en face, dans la cave de mon habitation. Mais il faut traverser la cour. Je prends, sous le bras, mon petit garçon, épouvanté, qui pousse des cris déchirants. D'un bond, je me précipite dehors. Ma femme et mon personnel me suivent, et nous gagnons l'autre cave où nous sommes moins en danger... Par quel miracle nous retrouvons-nous réunis?

Je n'en sais rien... Dans ces minutes d'angoisse tragique, on semble perdre conscience des événements et de la vie elle-même...

Il est 7 heures du soir... Pendant plus de deux heures, nous sommes restés entre la vie et la mort. Puis une légère accalmie se produit. Les obus tombent à intervalles moins rapprochés.

J'en profite pour sortir de notre retraite... Je cours chez M. Leturcq, maire d'Albert, dont la magnifique conduite durant tous ces jours doit être citée en exemple et hautement félicitée... Nous nous concertons rapidement et décidons de faire évacuer la ville. Après tout, mieux vaut pour les habitants risquer d'être frappés en pleine rue par un obus, que de périr étouffés dans les caves !... En hâte, avec l'aide de quelques personnes courageuses et dévouées, nous faisons prévenir nos malheureux concitoyens. Moi-même, je fais partir ma famille à pied sur la route d'Amiens, ma grande porte étant démolie et obstruée et m'empêchant de sortir tout véhicule... Il est 9 heures du soir quand, après beaucoup de difficultés, je parviens à rejoindre les miens, en voiture : j'ai entendu sonner les neuf coups à la basilique, dont la cloche pleurait au-dessus de la ville en flammes. Avant de quitter notre cité, nous l'avons contemplée du haut de la route d'Amiens. Ce n'était plus qu'un immense brasier au milieu duquel les obus et les fusées incendiaires continuaient de tomber. Du tourbillon de flammes et de fumée, seule la basilique de Notre-Dame de Brebières émergeait. Elle semblait une masse rouge et sanglante. Le grand dôme doré et la statue de la Vierge surgissaient comme une apparition dans le ciel embrasé. C'était superbement sinistre... »

M. Monchy nous donne ensuite quelques détails particulièrement saisissants sur les ravages causés par le bombardement : « La basilique de Brebières a échappé au feu des Vandales (1), et cependant c'est elle qu'ils visaient. Un obus est d'ailleurs tombé dans la sacristie, et, tout autour du sanctuaire, ce ne sont plus que des ruines fumantes. L'hôtel

(1) Elle a été en partie détruite au cours des bombardements ultérieurs.

de ville situé en face, le presbytère, la grande hôtellerie des pèlerins, dite Abri Notre-Dame, toutes les maisons de la place d'Armes, celles de la rue Gambetta, sont complètement détruites. Les ateliers Rocher et Pifre qui occupaient plus de 1 000 ouvriers, les usines Béccat, Liné, deux importants pensionnats de jeunes filles — pour ne citer que les principaux bâtiments — ont été la proie des flammes.

» Il est du reste impossible de reconnaître maintenant Albert, ajoute M. Monchy. Trois fois, depuis le bombardement, j'ai voulu y retourner. C'est absolument impossible. Les gendarmes ont reçu les ordres les plus sévères. Défense à quiconque d'entrer en ville... Il nous fallut nous contenter de regarder de loin avec une jumelle. Tout est si bien rasé que la basilique semble s'élever au milieu des champs. Çà et là, on distingue des places blanches qui marquent les anciennes rues et places. Dans les faubourgs seulement, quelques maisons dressent encore leurs carcasses plus ou moins endommagées... Pauvre ville d'Albert ! »

Nous demandons à M. Monchy les raisons de

ce bombardement : « Il n'y en avait aucune, nous répond-il, absolument aucune. Les Allemands ont obéi uniquement à leurs instincts de sauvages et de destructeurs de tout ce qui est français. Ils avaient marqué Albert d'une croix rouge à cause de sa basilique qui offusquait leurs regards, de même sans doute que la cathédrale de Reims, et à cause de nos usines qui faisaient concurrence à leur camelote. Je ne vois pas d'autre raison, puisque le jour du bombardement, il n'y avait pas un soldat français dans Albert... »

III

ARRAS

LE PREMIER BOMBARDEMENT

(6-7 octobre 1914.)

Du front d'Artois, 13 octobre.

Guerre de Cafres : c'est encore trop peu et trop faible pour qualifier l'inqualifiable guerre que nous font les Allemands. Impuissants à forcer le front de nos armées qui enserrent, maintiennent et, lentement, refoulent leurs hordes, ils se vengent en dévastant les villes et les régions qu'ils ne peuvent prendre ou occuper. Après Louvain, après Reims, après Albert, Arras vient de flamber et de s'écrouler sous leurs obus incendiaires.

Qui ne connait l'hôtel de ville, la petite place et la grand'place dont s'enorgueillissait la capitale de l'Artois? Construits du temps de l'occupation espagnole, au début du XVIIe siècle, le vieux beffroi surmonté d'un lion, l'hôtel de ville avec sa façade fouillée comme une enluminure, les longues arcades surmontées de maisons aux fenêtres décorées, aux toits aigus, aux mansardes pittoresques, tout jusqu'aux vieux pavés inégaux faisait revivre en ce coin unique, entièrement et admirablement conservé, le passé des mousquetaires, des carrosses bruyants et dorés, Arras du temps de Cyrano...

Les Vandales n'ont rien respecté. De même que la cathédrale de Reims et la basilique d'Albert leur avaient servi de point de mire, ils ont pointé leurs canons sur le beffroi d'Arras.

C'est le mardi 6 octobre qu'ils ont commencé ce nouvel exploit... Depuis le 21 septembre, des engagements se livraient aux environs d'Arras, du côté de Beaumetz, d'Achicourt, de Tilloy. Chaque jour la bataille se précisait, devenait plus intense et se rapprochait. Les habitants d'Arras restaient calmes. Le 1er octobre, le canon gronda non loin avec plus de violence. Le 2, quelques villages flambèrent, notamment Wancourt, Vis, Monchy. Les sauvages se faisaient la main... Le 3, quelques obus avant-coureurs tombèrent à Saint-Sauveur et dans le faubourg Ronville, à l'ouest d'Arras.

Le dimanche 4 avait lieu une grande cérémonie à la cathédrale. Au salut du soir à 5 heures, l'évêque Mgr Lobbedey, monta en chair et parla au son du canon Il ne termina pas son discours. On fit passer aux hommes présents l'ordre donné par l'autorité militaire à tous les mobilisables et à tous les hommes valides d'évacuer immédiatement la ville. La cathédrale se désemplit rapidement. Une demi-heure après, une longue colonne marchant au pas se dirigeait à pied sur Saint-Pol.

La journée du 5 avait été relativement calme. On se battait toujours. D'heure en heure, les autos ramenaient les blessés. Une grande partie des ambulances en étaient remplies. Médecins, infirmiers, religieuses et dames de la Croix-Rouge rivalisaient de zèle.

Le 6, dès 6 heures du matin, les premiers obus tombaient près de la gare. Les Allemands qui visaient ailleurs rectifièrent leur tir. Peu après, une bombe tombait en plein sur la toiture de l'hôtel de ville. Les Barbares tenaient leur cible. Ils ne la lâchèrent pas. Toute la journée, leurs canons crachèrent la mort, la destruction et l'épouvante. Les habitants étaient réfugiés dans les caves. On y fit descendre également les malheureux blessés car, sans respect de la Croix-Rouge, les Allemands labouraient de leur mitraille toutes les rues autour de l'hôtel de ville, et dans celles-ci se trouvaient plusieurs hôpitaux et ambulances. L'hôpital Saint-Jean fut le théâtre d'un épouvantable accident : tout un étage s'écroula sous les obus ; une religieuse et quelques blessés qui se trouvaient encore dans l'étage au-dessous, furent ensevelis sous l'effondrement. Il ne fut possible de les retirer que le soir quand les assassins du kaiser eurent cessé le bombardement.

Ils le reprirent d'ailleurs le lendemain avec d'autant plus d'acharnement que l'artillerie française, qui avait pris position sur les hauteurs environnantes, se mit à leur riposter ; mais avant de se taire sous la voix énergique de nos 75 qui finit par les dominer, les Allemands donnèrent libre cours à leur rage en faisant succéder les obus incendiaires aux obus.

Arras flamba comme une grande torche, et le soir, le bombardement ayant pris fin, c'est aux lueurs sinistres de leur ville en feu qu'un grand nombre d'habitants s'enfuirent et vinrent se réfugier à Saint-Pol. Le jeudi et le vendredi, quelques obus tombèrent encore près de la gare, comme si les Allemands voulaient dire : Nous sommes toujours là.... Seulement nos troupes y étaient aussi ; jusqu'à ce jour, elles ont empêché l'ennemi, malgré des violentes attaques, d'entrer dans la vieille cité artésienne qu'il a sauvagement bombardée. Des engagements à la baïonnette ont eu lieu, ces jours-ci, aux portes mêmes d'Arras et dans les faubourgs. Les Allemands ont toujours été repoussés.

IV

L'AGONIE D'ARRAS

3 novembre 1914.

Les Barbares ont anéanti presque complètement Arras, mais ils n'ont toujours pas leur victime. Elle gît, mutilée, écroulée, sanglante. Ses blessures glorieuses ne sont point souillées par la présence et l'occupation de l'ennemi.

Les Allemands ont fait des efforts inouïs pour prendre Arras et se frayer un chemin vers Saint-Pol et la côte. La ville a vu se dérouler à ses portes et dans ses murs une lutte de géants. La bataille d'Arras restera peut-être la plus sanglante de toute cette guerre. De part et d'autre, les soldats ont déployé un courage, une violence dans le combat et un héroïsme qu'atteste l'état des blessés. Ceux-ci ne consentent à abandonner le champ de bataille que lorsqu'ils sont à bout de forces et presque à bout de sang. Des majors nous ont affirmé que jamais, depuis le début de la guerre, ils n'avaient vu de blessures aussi nombreuses et aussi affreuses que sur les blessés d'Arras.

Les Allemands ont tenté à Arras l'un de leurs plus gros efforts. Leurs pertes sont effrayantes. Tous les jours sans interruption, ils continuent de bombarder la ville, certains jours même avec de l'artillerie lourde. C'est avec des obus de 155 qu'ils ont détruit le célèbre beffroi de l'hôtel de ville, dont il ne reste absolument rien qu'un pan de mur à droite, et à gauche un pilier de l'arcade sous laquelle se trouvait le commissariat de police. Tout le reste n'est qu'un amas de décombres. De même tout le quartier Saint-Géry.

Cet acte des Allemands est d'autant plus stupide et sauvage qu'il n'y a pas de soldats dans Arras. Les combats se poursuivent dans les faubourgs et autour du cimetière où les Allemands avaient creusé des tranchées que nous avons prises à la baïonnette, après de formidables corps à corps. Certains jours, les alliés étaient parvenus à faire reculer les Allemands de plusieurs kilomètres. Ceux-ci revenaient à la charge, faisaient amener en auto des renforts, et des troupes fraîches reprenaient le terrain perdu. Et ainsi depuis plusieurs semaines. La bataille d'Arras est un jeu terrible d'escarpolette, où les armées en présence se poussent et se repoussent dans un balancement dont les Allemands, malgré leur acharnement et leur nombre supérieur, ont été et resteront impuissants à déplacer l'axe.

Des habitants s'obstinent à demeurer dans Arras et ne veulent à aucun prix quitter la ville. Ils vivent dans les caves. Notons d'ailleurs que les caves des vieilles maisons arrageoises, sont superbes ; elles ont parfois plusieurs sous-sols, sont hautes, voûtées, dallées, et constituent des refuges très confortables pour un bombardement. Lorsqu'une accalmie se produit les habitants s'enhardissent à sortir et vont chercher, tant bien que mal, des provisions. Ce n'est pas chose commode. Le pain et la viande font souvent défaut. Seuls, dans les rues qui ont le moins souffert du bombardement, de très rares épiciers débitants ont, sinon leur boutique, dont les volets sont hermétiquement clos, du moins leur porte ouverte. Mais ils n'ont plus grand'chose à débiter...

A partir de 5 heures, Arras prend un aspect sinistre. Dans ce qui fut la ville, dans les rues encombrées de débris et de ruines, on ne rencontre personne. Nulle part, le moindre feu, la plus légère lueur ne révèle la présence d'un être vivant. Gaz, électricité, pétrole ne sont plus que de lointains souvenirs. Il n'y a même plus de bougie. Dans leurs cachettes, les derniers Arrageois, les Arrageois quand même, n'ont plus, pour tromper la nuit, l'attente et la peur, que la ressource de dormir au son du canon, dans la réalité d'un horrible cauchemar...

Seul, un homme veille et prie sur Arras qui agonise. C'est l'évêque, Mgr Lobbedey. Il a été admirable de courage et d'héroïque ténacité. Du haut de la chaire de Notre-Dame-des-Ardents, quand les premiers obus tombèrent, il déclara solennellement qu'il serait le dernier à quitter

Arras, quand plus un membre de son troupeau ne resterait dans la ville.

Mgr Lobbedey tient parole. Il n'a même pas voulu descendre dans une cave. Il a vu les obus tomber tout autour de lui. Sa cathédrale est inhabitable. Mais l'évêché a été épargné, jusqu'à présent. Plusieurs membres du clergé ont résolu de rester les compagnons de leur évêque dans le devoir et dans le danger. Dimanche et hier lundi, les offices de la Toussaint et des Morts ont été célébrés à l'église Saint-Nicolas, dans le quartier qui a le moins souffert du bombardement. Quelques fidèles, le cœur angoissé, et les yeux endeuillés par la vision des ruines, eurent le courage de se rendre aux cérémonies, et chantèrent le *Requiem* de leur cité et de leurs malheureux concitoyens, ensevelis sous les décombres.

Arras n'a d'ailleurs plus de cimetière. Le champ de repos est le point le plus disputé du champ de bataille. Au cours du bombardement, on a dû brûler un grand nombre de cadavres sur la place de la gare. Depuis plusieurs jours, on peut enterrer les morts dans un terrain derrière l'ancien couvent du Saint-Sacrement. Mais la ville tout entière n'est-elle pas un cimetière?

Les derniers vivants qui subsistent au milieu des morts et des ruines vont être contraints de s'en aller bientôt à leur tour. Arras n'a plus d'eau. Les conduites ont été crevées par l'éboulement des maisons. Le directeur de la compagnie des Eaux de Boulogne qui s'est rendu à Arras avec une équipe d'ouvriers pour faire les réparations urgentes et assurer la distribution de l'eau, y a renoncé devant l'importance des dégâts et l'impossibilité d'entamer des travaux sous le bombardement qui dure. Par mesure de précaution, il a même dû fermer les vannes des réservoirs.

Sans eau, sans pain, sans lumière, Arras ressemble à un moribond dont les dernières parcelles d'énergie achèvent de se consumer. Dans le ciel labouré par les obus qui pleuvent toujours sur elle, la vieille cité artésienne, que les Barbares sont impuissants à enlever, dresse glorieusement ses membres mutilés comme un défi et comme un appel à la vengeance.

V

DANS LA VALLÉE DE LA LYS

I

AIRE-LA-VAILLANTE.

21 octobre 1914.

Pour aller de Boulogne dans le nord, c'est une véritable expédition. Il n'y a presque plus de trains pour les civils. L'autorité militaire a pris la sage précaution de les supprimer pour éviter les espions, qui fourmillent et se glissent partout... Nous prenons l'un des rares trains, et peut-être le dernier, pour Saint-Omer. Mais à Arques, il n'y a plus de correspondance pour la ligne Berguette-Armentières. C'est le soir. Impossible de trouver le moindre véhicule,

Il faut aller à pied jusqu'à Aire... Il y a là plusieurs jeunes gens qui ont été évacués d'Aire à l'approche des Allemands et qui veulent absolument retourner chez eux. Nous formons une petite colonne, et en avant, marche, comme des troupiers ! Un épais brouillard nous enveloppe, que perce seulement la musique du canon. Nous croisons des patrouilles, mais nous avons vite fait de nous rassurer mutuellement en constatant que ce ne sont pas des uhlans et que nous ne sommes pas des espions. Il est tard quand nous arrivons à Aire. La petite ville dort paisiblement au son du canon...

La guerre a redonné une célébrité à Aire-sur-la-Lys. C'était jadis une ville de garnison importante et une place forte qui soutint de nombreux sièges. La tradition locale rappelle aussi avec fierté que Charlemagne y fut élevé par des moines anglais et qu'il vint souvent plus tard rendre visite à Aire à sa sœur, sainte Gisèle, qui a laissé son nom à l'ancien monastère et au petit village d'Isebergues (en flamand la montagne de Gisèle). Tout au cours de l'histoire mouvementée de ce pays, qui forme frontière entre la Flandre et l'Artois, Aire s'est fait une réputation de vaillance dont elle n'a pas démérité dans les circonstances actuelles.

Aire était marquée au crayon rouge par les Allemands ; ils devaient la prendre avec Merville et Hazebrouck pour s'assurer les routes qui partent de ces trois centres vers Dunkerque, Saint-Omer, Calais et Boulogne, ainsi que l'importante bifurcation de Berguette. On a retrouvé des ordres formels dans ce sens sur des officiers allemands faits prisonniers près de Merville.

Les Airois s'attendaient à ce qu'une bataille en règle se livrât dans leurs murs ou aux portes de la ville. De jour en jour ils entendaient la canonnade se rapprocher et chaque soir ils s'endormaient en croyant les voir venir le lendemain. On avait déjà évacué presque tous les jeunes gens et hommes valides. Le maire, M. Abel Delbende, fit montre, durant les trois jours d'attente et d'angoisse que vécurent les habitants, d'un courage et d'un sang-froid dont, unanimement, la population fait l'éloge. Il sut maintenir l'ordre, calmer les inquiétudes, remonter le moral de tous, et en même temps faire face aux multiples difficultés que soulevait, à chaque heure, la situation d'Aire dans la zone des armées et à proximité du champ de bataille. Il fut secondé dans sa tâche par ses deux adjoints, MM. Bécuwe et Salomé, ainsi que par les conseillers non mobilisés, tous courageusement restés à leurs postes. Il faudra redire hautement plus tard les souffrances endurées par les populations du nord et avec quel patriotisme elles les supportèrent... Personne à Aire n'a bronché à l'approche des Allemands. Alors qu'ils n'étaient plus qu'à une douzaine de kilomètres et que leurs avant-gardes pouvaient surgir d'un instant à l'autre, notre confrère; M. Lequien, avait l'audace tranquille de faire paraître le petit journal local l'*Echo de la Lys,* dont il est l'imprimeur. Les feuilles toutes fraîches, remplies des hauts faits des nôtres, et des crimes des leurs, sortaient de son imprimerie, quand le canon cognait à moins de trois lieues...

Aire n'a pas eu la vision terrible de la bataille sous ses murs ni l'épreuve douloureuse de l'occupation ennemie. Sa vaillance et sa confiance ont été récompensées. Arrêtés à Merville par l'héroïsme de nos soldats — des Bretons, dont nous conterons demain les exploits — les Allemands ont échoué dans leur mouvement de surprise et d'offensive. Ils ont dû reculer vers Armentières et Lille et en Belgique.

Un seul jet de boue allemande est venu salir Aire. Il a été lavé par le sang d'un brave agent de police airois. Deux autos, chargées d'officiers allemands, traversèrent un jour la ville et poussèrent jusqu'à Arques. A l'aller, les automobilistes eurent l'insolente perfidie de se faire passer pour des Anglais : coiffés de casquettes anglaises ils saluaient les habitants et criaient: «Vive la France! Vive l'Angleterre!... » Démasqués et signalés en cours de route, le commissaire de police d'Aire voulut les arrêter à leur retour. Il vint se poster avec ses agents sur le pont de la Lys à l'entrée de la rue de Saint-Omer, et quand les autos parurent, ils les somma de s'arrêter et d'exhiber leurs passeports. Pour toute réponse, les officiers allemands firent pleuvoir une grêle de balles sur la police airoise et filèrent à toute allure, en continuant de tirer pour terroriser la population. Le commissaire échappa par miracle aux coups tirés sur lui à bout portant, mais un de ses agents, le brigadier Dupont, fut blessé au ventre.

Aire n'a pas revu les Allemands. La petite ville, toujours calme et confiante, reste cependant sur le qui-vive. Comme un baromètre, la canonnade qui tantôt s'éloigne et tantôt se rapproche, l'informe chaque jour de la distance où se trouve l'ennemi.

II

L'ÉCHEC DES ALLEMANDS A MERVILLE.

Quand, par faveur spéciale, nous quittons Aire en voiture pour aller vers Merville, Estaires, Armentières, visiter les champs de bataille dont les communiqués officiels ont cité les noms, nous avons d'abord, spectacle dont tout à l'heure nous aurons la réplique grandiose et tragique, la vision du champ avant la bataille.

Tout était prêt pour recevoir les Allemands.... Entre ses rives encaissées, la Lys roule, comme un canal, des eaux lentes et jaunâtres. Des ruisseaux, des fossés la rejoignent qui séparent chaque pâture et chaque pièce de terre, et font de ce pays une mosaïque de biens morcelés, admirable terrain pour l'embuscade et la fusillade. A regarder seulement l'échiquier, on devine les mouvements qu'eussent accomplis immanquablement les troupes en présence. On frissonne involontairement en voyant au passage ou au coin des routes les chaumières et les « estaminets » marqués pour la mitraille si les canons avaient donné. Et au cordial bonjour des habitants qui se tiennent sur le pas des portes, heureux de voir des Français, des amis, de brefs dialogues succèdent : « Vous n'avez pas eu peur?... Ils ne sont pas venus loin de chez vous... » Mais non, eux, ces braves gens, n'ont pas eu peur. La confiance de tout ce pays dans notre armée et dans nos alliés tient de la foi...

Nous gagnons Saint-Venant, toute petite ville au nom oublié, et que les communiqués ont bien failli réapprendre. Veuve de ses remparts, elle baigne, mélancolique, dans les fossés où les jardins viennent finir, en place des murs à la Vauban. Ses hautes casernes, désaffectées et transformées en asiles, ont vu de pauvres petits enfants idiots ou dégénérés, remplacer les soldats. Auprès d'une vieille porte découronnée, une enseigne oubliée indique toujours le corps de garde. A quelques kilomètres des lignes de feu, Saint-Venant semble pleurer sa gloire militaire d'autrefois, comme un vieux soldat dont les armes sont hors de service.

Voici Merville. C'est la Flandre française. La guerre d'aujourd'hui, avec tous les bouleversements qu'elle entraîne, l'extraordinaire fusion des nations et des races alliées pour conjurer le fléau germanique, ne permet plus de reconnaître si nous sommes en pays flamand ou ailleurs. Dans les rues étroites, l'animation est intense.

Merville l'a échappé belle. La petite ville a reçu le baptême du feu. Les Allemands commençaient à la bombarder. Six obus sont tombés sur l'église, la mairie et les maisons voisines. On nous montre leurs trous béants. Détail singulier, l'obus qui a endommagé la façade de l'hôtel de ville est venu se loger juste au-dessous de la fenêtre de l'appartement où se trouvaient des officiers supérieurs français, le jour du bombardement. Les Allemands étaient donc bien renseignés.... Les gens de Merville commençaient déjà à fuir ou à se réfugier dans leurs caves quand les batteries allemandes s'arrêtèrent soudain. Repérées par notre artillerie, il ne fallut pas longtemps à nos 75 pour leur imposer silence. Aussi avec quelle vénération reconnaissante on regarde ici ce joli joujou terrible qui a sauvé Merville.

Il semble bien que, de la part des Allemands, le bombardement soit un signe de rage et d'impuissance.

Ils brisent, comme des garnements en colère, ce qu'ils ne peuvent avoir. Quand ils lancèrent des obus sur Merville, c'était au soir du mardi 13 octobre, après une bataille de deux jours où ils eurent le dessous. Malgré leurs tentatives désespérées, ils n'avaient pu forcer nos lignes ni s'emparer de Merville.

Installés sur les deux rives de la Lys, des ponts d'Estaires au village de Vieux-Berquin et jusqu'à Bailleul, ils voulaient prendre Merville qui commande les routes d'Aire et d'Hazebrouck et toute la vallée supérieure de la Lys. Nos troupes leur ont fait tête avec une vigueur et un entrain qui les obligèrent finalement à reculer au delà d'Estaires, dans la direction de Laventie et d'Armentières. (Communiqués officiels des 16, 17 et 18 octobre.)

Les Allemands cherchèrent d'abord à masquer leur offensive par des mouvements de cavalerie. Pendant quelques jours, tout le pays fut inondé de uhlans. Nos cavaliers leur donnèrent la chasse avec d'autant plus d'acharnement qu'ils étaient heureux et fiers d'engager une action un peu générale. La guerre ayant été presque exclusivement, jusqu'alors, la guerre du canon, cette chasse aux uhlans était pour nos dragons, cuirassiers et chasseurs, une revanche et une occasion de se couvrir de gloire. Ils firent tant et si bien, que les uhlans se dispersèrent ; beaucoup trouvèrent un refuge dans la grande forêt de Nieppes d'où, chaque jour, on continue d'en débusquer.

Infanterie et artillerie suivaient la cavalerie allemande et vinrent prendre position au nord de Merville. L'ennemi croyait nous surprendre. Avertis par la cavalerie, les nôtres veillaient. Quand l'ennemi ouvrit le feu, il fut sans doute tout surpris qu'on lui ripostât avec tant de vigueur. L'action principale se déroula autour d'une ligne qu'on pourrait tracer du village de Neuf-Berquin à la ferme de Puresbecque, à 1 500 mètres environ au nord de Merville.

Du haut du clocher de Neuf-Berquin, des officiers allemands croyaient pouvoir diriger tout à leur aise le mouvement et le tir de leurs troupes. Une volée d'obus les délogea de leur observatoire. Le clocher fut percé à jour et les vilains oiseaux qui y avaient fait leur nid durent en descendre rapidement. Les fantassins allemands occupaient toutes les maisons du village. Quelques-uns plus audacieux s'avancèrent sur la route de Merville et se postèrent dans un hameau abrité par un bouquet d'arbres.

Nos fantassins étaient dissimulés derrière les haies et dans les moindres fossés qui entourent la ferme de Puresbecque. L'artillerie les couvrait admirablement et faisait pleuvoir sur les villages de Neuf-Berquin et Vieux-Berquin une pluie de mitraille qui devait rendre la position intenable aux Allemands.

Nous avons suivi, à travers les champs de Puresbecque et de Neuf-Berquin, la piste glorieuse, tracée par nos soldats. L'empreinte de leurs pas était encore toute fraîche, et, pour ainsi dire, nous avons remis nos pas dans les leurs.... Le fermier qui nous accompagnait avait déjà fait le pèlerinage. Il nous montrait les coins gagnés, au fur et à mesure, par nos soldats. Des quantités de cartouches et de boîtes vides nous faisaient deviner l'intensité de la fusillade. Dans les terres friables ou dans les champs de betteraves, nous heurtions à chaque pas des « marmites » allemandes à l'enveloppe plus ou moins crevée. Là, pendant deux jours et une nuit, dans la boue, dans les betteraves, dans les fossés, nos soldats se sont magnifiquement battus ; narguant l'ennemi, ils ont dû le plus souvent s'avancer à champ découvert, bondissant sous une rafale d'obus, d'un obstacle derrière un autre, utilisant la moindre motte de terre, creusant à coups de crosse ou de «godillot» un méchant trou, qu'on ne peut tout de même baptiser tranchée, où ils se blottissaient pour fusiller l'Allemand. Ainsi furent défendu Merville et pris Neuf-Berquin, tandis que nos 75 faisaient de ce village flamand, jadis riant et prospère, de son église, de sa flèche élancée, des fermes et des chaumières, une lamentable dentelle déchirée et déchiquetée, dont les lambeaux achevaient de brûler sous nos yeux....

III

DE MERVILLE A ESTAIRES.

Délogés de la rive gauche de la Lys, forcés d'abandonner Vieux-Berquin et Neuf-Berquin et de renoncer à leur marche sur Aire-Merville-Hazebrouck, les Allemands essayèrent de se maintenir sur la rive droite. Ils firent sauter le pont d'Estaires pour arrêter la poursuite des Français et vinrent prendre position dans les villages de la Gorgue et de Lestrem d'où ils menaçaient toujours Merville. Estaires forme avec la Gorgue un T que barre la Lys. C'est une même agglomération séparée par la rivière. Lestrem est un peu plus loin dans la direction de Laventie.

Épuisés par le combat de Neuf-Berquin, où ils laissèrent de nombreux morts, les Allemands ne purent tenir longtemps. Nos 75, qui se manient comme des pistolets, s'acharnaient à les décimer. Des officiers d'artillerie français eurent l'audace de venir à proximité de la Gorgue repérer exactement les positions ennemies. Grimpés sur un petit mur, dans une cour d'estaminet, ils purent, sans se laisser atteindre par les balles, surprendre le mouvement des Allemands et communiquer leurs ordres aux batteries françaises qui avaient fait lestement demi-tour à droite, et dirigèrent leur feu parallèlement à la route de Neuf-Berquin-Estaires, en plein sur le bourg de la Gorgue. Ce ne fut pas long. Les Allemands se hâtèrent de déménager vers Lestrem et Laventie, car, tandis que les impitoyables 75 faisaient à l'église et aux maisons de la Gorgue le sort de Neuf-Berquin, des cavaliers français et des auto-mitrailleuses, arrivant par la route de Merville, prenaient de flanc l'ennemi et le menaçaient, les ponts d'Estaires étant coupés, de le rejeter dans la Lys. Les mitrailleuses criblèrent de balles les maisons où les Allemands avaient cherché à s'embusquer comme à Neuf-Berquin. C'est alors que les Allemands voulurent se venger en lançant quelques obus sur Merville. Ils n'eurent pas le temps de continuer, et, devant l'arrivée des Français dont l'avantage décuplait l'ardeur, ils se retirèrent précipitamment vers Laventie. Leur offensive sur la vallée supérieure de la Lys avait complètement échoué....

Nous traversons les villages où se sont déroulés ces brillants faits d'armes des nôtres, des territoriaux, de régiments bretons pour la plupart, qui résistèrent au feu de l'ennemi et aux fatigues de deux journées de combat, comme le granit de leur Bretagne. Sauf à Estaires qui est intact et que les Allemands se sont bornés à piller, partout ailleurs les maisons présentent leurs toits béants, leurs façades éventrées, les larges meurtrissures qu'elles ont reçues. Neuf-

Berquin, en particulier, n'est plus qu'un monceau de ruines. Quelques habitants irrésistiblement attirés par leur pays qu'ils avaient dû abandonner sous la canonnade, sont revenus après la bataille. Ils font peine à voir. Leurs visages ont un masque d'épouvante et de douleur. Ils contemplent, impuissants, leurs foyers détruits. Quelques-uns, comme des parents qui guettent, pour le retenir, le dernier souffle de leur enfant mourant, regardent par où finira de brûler leur demeure, et, machinalement, jettent d'inutiles seaux d'eau sur les décombres. Ironie cruelle, voici au cœur du village dévasté, de Neuf-Berquin, un cabaret dont l'enseigne subsiste : « Estaminet pour la Paix. » Les trous des obus lui font un commentaire sinistre... Plus loin, ce sont des tombes de chasseurs et de fantassins. Sur la terre fraîchement remuée, des mains amies ont déposé leurs dolmans et leurs capotes et planté une croix.

Nous suivons la route de la retraite allemande. La petite ville d'Estaires, témoin de ces journées sanglantes, en garde peu de souvenirs apparents. Quelques boutiques mêmes sont rouvertes. Un peu de vie renaît. On travaille activement à la pose des fils télégraphiques coupés par les Allemands. Les pantalons rouges de nos soldats jettent une note gaie sur la grand'place. Quelle impression de réconfort et de sécurité cela procure de rencontrer l'uniforme français dans un pays qui vient d'être sali par les Barbares ! Il est bien voyant, ce rouge, il a trop d'inconvénients dans la guerre moderne, où triomphent le terrier et le vêtement dont la couleur se confond avec le sol, les feuilles et les murailles. Tout de même quel air pimpant conservent nos troupiers à côté des autres, malgré la poussière, malgré la boue, malgré les souillures de toute sorte. Pour le Français, sensible et artiste, n'est-ce pas quelque chose?...

Après le pont d'Estaires, nous retrouvons a vision de la bataille. C'est la Gorgue qui dresse son clocher décoiffé de ses chapiteaux, qui montre ses maisons labourées par les obus, marquées de mitraille comme un visage de petite vérole. Le quartier autour de l'église a le plus souffert des gifles terribles de nos 75. Il a vu aussi le combat dans les rues, suivi de la débandade des Allemands.

Maintenant « ils » sont à Laventie. Le canon gronde toujours. Entre le front et le chemin où nous roulons, les patrouilles et les autos se croisent et passent rapides. Mais bientôt nous ne pouvons plus avancer. Ce sont les lignes infranchissables.... Il faut revenir en arrière, prendre une voie de traverse pour regagner Merville, et puis, avec patience et confiance, attendre que l'ennemi ait encore reculé, pour continuer la route d'Armentières et de Lille — la route de la libération du territoire.

VI

NOTRE CAVALERIE DANS LE NORD

6 novembre 1914.

La cavalerie a joué un rôle brillant et très important dans la bataille des Flandres. C'est d'ailleurs par des mouvements de cavalerie que celle-ci a débuté en Flandre française. On se souvient que les communiqués officiels signalèrent d'abord la présence de nombreux uhlans dans la région d'Armentières et à la frontière franco-belge.

On sait l'audace des uhlans. Ceux avec lesquels nos cavaliers se sont trouvés aux prises, durant ces dernières semaines, étaient pour la plupart de tout jeunes gens, pris dans les milieux tarés, souvent même de vulgaires apaches de Berlin ou d'ailleurs, qui déploient librement leurs mauvais instincts en temps de guerre. Ce sont eux, presque toujours, qui sont les auteurs des atrocités dans les villages où ils tentent un coup de main.

La bataille des Flandres a commencé par une véritable chasse aux uhlans. On s'imagine peut-être, d'après les anciens récits de bataille, que les combats de cavalerie ne peuvent être autre chose que des charges épiques où, sabre au clair et lance en main, les escadrons poudreux s'élancent dans un tourbillon de gloire et de mort... La guerre moderne, guerre de surprise et sorte de braconnage militaire où collaborent la science et la ruse, confond nos vieilles conceptions et met en déroute notre imagination...

Les uhlans s'avançaient, par groupes plus ou moins nombreux, sur plusieurs routes à la fois. Dès qu'ils étaient signalés, des cavaliers français ou des cyclistes partaient à leur rencontre, les attendaient à l'entrée d'un village ou d'un bois. Ces embuscades tournaient souvent en combats singuliers. Les adversaires ayant mis pied à terre se livraient à une fusillade en règle, puis se pourchassaient les uns les autres à coups de lance ou de sabre. Dans une ferme aux environs de La Bassée, un duel tragique eut lieu entre un uhlan et un dragon. Tous deux se blessèrent mortellement, et leurs corps reposent aujourd'hui côte à côte.

Les auto-mitrailleuses sont la terreur des uhlans. Quand ils entendent le ronflement d'une de ces machines redoutées ou quand ils en aperçoivent une qui arrive sur eux, ils prennent le galop à travers champs... Nous tenons, à ce propos, d'un automobiliste de l'état-major de Boulogne l'amusante anecdote suivante :

C'était le mois dernier, aux environs de Bailleul. Chargé d'une mission dans le nord, le héros de l'aventure dont l'auto, couverte d'aluminium, brille de loin et ressemble à une auto blindée, passait par Hazebrouck, où l'on venait de signaler, de Bailleul, une troupe d'à peu près 200 uhlans. « Je vais voir où et combien ils sont, dit l'intrépide chauffeur. Ma voiture a la précision d'un chronomètre et la rapidité d'une flèche. Je réponds qu'ils ne m'auront pas... » Il partit avec deux camarades et ils suivirent une petite route escarpée qui domine une vallée.

A quelques kilomètres de Bailleul, ils aperçurent les uhlans qui arrivaient par un chemin, au fond de la vallée. L'auto s'avança lentement, tandis que les deux camarades du chauffeur installaient en toute hâte les pneus de rechange au-dessus de la voiture, de manière à imiter des pare-balles, et ils laissèrent passer, au milieu, le canon de leurs fusils.

L'auto ronfla. De loin, avec sa carrosserie d'aluminium, sa forme allongée, ses pneus ingénieusement montés de chaque côté et les fusils qui dépassaient, elle ressemblait à s'y méprendre à une auto-mitrailleuse. Les uhlans la virent ; ils n'étaient plus qu'à 500 mètres de la route par où elle débouchait, menaçante. Épouvantés, ils tournèrent bride et s'enfuirent rapidement, tandis que les automobilistes riaient aux éclats dans leur petit cheval de Troie...

Une autre particularité intéressante de la bataille des Flandres a été, en maintes circonstances, la collaboration étroite de la cavalerie avec l'artillerie et le rôle de la cavalerie démontée. Celle-ci remplace alors l'infanterie. Les meilleurs tireurs font l'office de fantassins, tandis que leurs camarades patrouillent en éclaireurs. Nos chasseurs cyclistes s'entendent merveilleusement à ce genre de combat. Là où ils donnent, ils font des prodiges. Partout, d'ailleurs, nos cavaliers, d'une manière générale, se sont révélés comme des soldats d'élite, braves et remplis d'initiative, ne reculant devant rien, en un mot les dignes héritiers des fiers compagnons de Murat. Dans certains combats, la cavalerie démontée a chargé à pied. Nous tenons d'un dragon blessé à Vlamertynghe, en Belgique, le récit d'un de ces combats :

« Toute la journée, nous dit-il, nous avions patrouillé et fait la chasse aux Boches. Nous nous reposions à l'ombre d'un petit bois. Soudain, des sentinelles qui venaient de fouiller le bois et de reconnaître les alentours accourent nous prévenir qu'une compagnie d'infanterie allemande est à 500 mètres, dans un champ à la lisière du bois opposé à la nôtre. Le capitaine nous rassemble : « Les enfants, allons-y !... »

Nous laissons nos chevaux et prenons seulement nos lances ou nos carabines, et en avant ! Quelques-uns, à vrai dire, étaient bien un peu émus. Nous marchions en silence à travers le bois, haletants et le cœur serré. A travers les arbres nous apercevons enfin les Boches. Ils avaient l'air éreintés, inquiets, mais ne se doutaient de rien. Le capitaine lance un ordre. Nous bondissons en criant : « Vive la France ! » et nous leur rentrons dedans avec enthousiasme.... Les Boches étaient atterrés. Ils résistèrent à peine. Nous nous battions de si près, qu'il était impossible de faire usage des lances. Nous empoignions nos carabines par le canon et nous cognions, à coups de crosse, sur les têtes des Boches. De toute leur compagnie, il n'en est pas resté trente. Ces derniers se sont jetés à genoux en levant les mains. Nous les avons fait prisonniers. De notre côté, il n'y avait pas un tué, seulement des blessés, dont je suis... Mais on ne regrette pas ces blessures-là après une aussi bonne chasse ! »

Il n'est peut-être pas de village des Flandres qui ne garde le souvenir d'exploits de nos cavaliers. Dès le début, ils surent déjouer et enrayer le mouvement de l'ennemi et permirent ainsi aux renforts d'arriver. L'opération qui a consisté à déplacer, en somme, le front de bataille sans jamais le laisser crever par l'ennemi et à concentrer dans le nord, des troupes pour briser la nouvelle tactique allemande, a été une opération stratégique plus difficile et plus compliquée peut-être que la retraite de la Marne... C'est en cette circonstance qu'il convient particulièrement de rendre hommage au zèle et au courage des cheminots. Les agents de la compagnie du Nord, du plus humble aux gradés supérieurs, ont été tout simplement admirables. On pourrait les appeler les « poilus du rail ». Lorsque le général Joffre a dit : « C'est avec les jambes de ses soldats que Napoléon gagnait ses batailles ; nous les gagnons, nous autres, avec nos locomotives », ne faisait-il pas un magnifique éloge implicite de nos braves cheminots qui peuvent revendiquer, avec nos cavaliers, l'honneur d'avoir rendu impossible, durant le mois d'octobre, une nouvelle ruée des Barbares sur Paris?...

VII

DANS LE SANTERRE

Amiens, 8 octobre 1914.

Le sang fraîchement versé semble encore y appeler le sang, disions-nous de la plaine de Santerre, où se sont déroulées du 26 au 28 août les premières batailles de la Somme. Nos prévisions n'étaient que trop vraies. Le Santerre est redevenu le champ d'horreur où l'on se bat avec acharnement.

Sur un front irrégulier, qui va de Roye à Rosières, s'enfonce en coin sur Chaulnes et Péronne, revient à Bray et rejoint Albert, la ligne Arras-Lens-Lille, c'est une bataille sans répit et sans merci. Les petites cités picardes, les villages sont pris et repris plusieurs fois dans le même jour ou dans la même nuit. Car dans cette mêlée gigantesque où les masses accrochées se bercent dans un grand mouvement de flux et de reflux, la lutte est plus violente encore la nuit que le jour...

L'artillerie fait rage. La basse-taille des grosses pièces mugit formidablement à côté des ténors de notre artillerie de campagne. Concert assourdissant qui fait vibrer le ciel et trembler le sol. D'Amiens jusqu'à Saint-Just, on peut le suivre sans en perdre une note. Quand on a cette musique-là dans les oreilles pendant une heure seulement, l'obsession vous poursuit sans fin.

Dans le Santerre, cela dure depuis plus de vingt jours, avec de rares accalmies. Les Allemands s'acharnent sur ce coin de la Somme avec une rage opiniâtre. Ils y ont des cadavres entassés. Ils persistent à se faire tuer plutôt qu'à céder. A cette violence, il y a une raison. C'est là qu'est l'articulation de la tenaille dans laquelle l'ennemi voudrait étreindre notre armée pour recommencer la marche sur Paris.

Enfin, il ne faut pas perdre de vue que les Allemands nous font une guerre destructive. Notre culture, notre art, notre civilisation, notre industrie, notre richesse économique, tout ce qui est français, ils veulent l'exterminer. Pour cela, comme pour leurs atrocités sans nom, ils sont bien les Barbares.

Or, le Santerre est un des pays les plus riches de la Somme et de la région du Nord. Il tire ses ressources de la culture de la betterave et de l'industrie sucrière. La plaine est grasse et fertile. Les domaines sont importants et occupent une nombreuse population agricole et ouvrière. Un grand nombre de communes possèdent une distillerie ou une sucrerie. On devine quels ravages fait la guerre dans ce pays actif et industriel. L'arrachage des betteraves a été impossible. Les champs sont défoncés par les mouvements de troupes et par les pluies d'obus. Les betteraves pourrissent sur pied, à moins qu'elles ne servent à nourrir les blessés ou les fuyards qui les mangent crues...

Quant aux grandes fermes et aux sucreries, les Allemands incendient ou bombardent toutes celles qu'ils rencontrent sur leur route. A Péronne, à Dompierre, à Roye, pour ne citer que celles-là, ils ont soigneusement détruit toutes les fabriques de sucre. Les soudards du kaiser croient servir les intérêts de l'industrie allemande, en se conduisant comme des Vandales ou Cafres.

Leur vandalisme s'exerce d'ailleurs avec non moins de fureur contre les églises. L'intérêt archéologique qu'elles présentent souvent, les souvenirs historiques qu'elles rappellent sont autant de motifs pour qu'ils tournent contre elles leurs torches et leurs canons.

On a vu qu'ils avaient pris pour point de mire la basilique d'Albert. A Roye, l'église que les gens surnomment pour sa beauté et ses proportions la cathédrale du Santerre, a beaucoup souffert du bombardement. L'église de Lihons qui fut pendant la guerre de Cent ans le siège d'une bataille mémorable entre les Anglais commandés par Talbot et les Français, et qui avait été épargnée jadis par les Anglais, a été, cette année, en partie détruite par les Allemands. Dans beaucoup d'autres églises et villages du Santerre, le passage des Barbares n'a laissé que des ruines... En quel charnier, en quel chantier de démolitions ont-ils transformé cette belle plaine naguère si vivante et si féconde ?

VIII

A ROYE

Le 9 septembre. Depuis deux jours les Allemands occupaient de nouveau Roye. Ils avaient séjourné une première fois dans la petite cité du Santerre, du 10 août au 4 septembre, et ne s'étaient signalés que par un acte de vandalisme : l'incendie de la sucrerie Labruyère. Nous avons dit qu'il entre dans le plan des Allemands de détruire le plus grand nombre possible d'usines et de fabriques françaises...

Dans la matinée du 9, avait lieu un enterrement à l'église. Au moment où on célébrait la cérémonie mortuaire, une auto-mitrailleuse française arriva dans la petite ville et se mit à canarder le poste allemand installé dans la mairie, sur la place ; furieux, les Allemands se précipitèrent au nombre d'une cinquantaine dans l'église et, au grand émoi des assistants, empoignèrent les deux prêtres qui officiaient et les deux chantres, et, sans même leur donner le temps d'enlever leurs ornements religieux, les firent sortir et marcher devant, sous le feu de l'auto-mitrailleuse française.... C'est miracle qu'ils aient échappé aux balles.... Pour épargner les quatre malheureuses victimes de la sauvagerie allemande et pour ne pas se laisser prendre par un ennemi bien supérieur en nombre, l'auto-mitrailleuse disparut.

Pendant ce temps, la foule s'était enfuie de l'église par la sacristie et les jardins environnants et le cercueil resta seul sans officiants ni assistants.

Les Allemands ne lâchèrent pas leurs quatre victimes. Ils les firent monter, chacune dans une auto, les obligèrent à se tenir debout, et les conduisirent ainsi à Chauny, où était installé l'état-major allemand. Ils voulaient sans doute terroriser les villages où devait passer ce lamentable convoi.

A Chauny, les deux prêtres et les deux chantres restèrent pendant plus de vingt-quatre heures sans boire ni manger, et furent gardés prisonniers pendant trois jours. Ils ne durent d'être relâchés qu'à l'intervention du professeur d'allemand du collège de Chauny qui, à force de parlementer et de négocier, les fit remettre en liberté.... Ils revinrent à Roye où on les croyait morts.

Roye demeura occupée par les Allemands jusqu'au 22 septembre. Comme partout ailleurs, ils rançonnèrent, pillèrent et dévalisèrent les habitants.... Le 22, ils quittèrent la ville, à l'approche des Français, pour aller occuper des positions aux environs et se réfugier dans des tranchées à Champieu, Carrépuits et dans les bois d'Ognolles. Nos troupes ayant réoccupé Roye, du 22 au 30, un duel formidable s'engagea entre notre artillerie et celle des ennemis.

Le 29, les Allemands bombardèrent la ville de Roye. Le 30, ils tentèrent une attaque à la baïonnette. Un sanglant corps à corps eut lieu dans les rues de la petite cité. Malgré la violence de leur attaque, les Allemands furent repoussés avec des pertes énormes. Au dire de témoins, il y avait tant de cadavres sur la place qu'on n'en voyait plus les pavés.

La population s'était réfugiée dans les caves. Plusieurs civils furent tués et blessés au cours du bombardement.

Quelques jours auparavant, une douzaine de uhlans qui s'étaient avancés dans le faubourg de Péronne avaient fait prisonniers six ouvriers du quartier et les emmenaient déjà avec eux, quand surgit une patrouille française qui tua les douze uhlans et délivra leurs six prisonniers civils.

La population profita de l'accalmie des jours qui suivirent le bombardement, pour évacuer la ville. Ne terminons pas ces notes trop brèves sur Roye, sans citer les noms de M. Mandron, adjoint, dont la fabrique de sucre fut détruite, et de M. l'abbé Caron, vicaire, neveu du courageux archiprêtre de Péronne. MM. Mandron et Caron prodiguèrent leurs dévoués efforts pour alléger, dans la mesure du possible, les épreuves et les misères endurées par la petite cité picarde.

IX

ARMENTIÈRES

LA BATAILLE ET LE BOMBARDEMENT

10 novembre 1914.

Le 9 octobre tous les hommes mobilisables reçurent l'ordre de quitter Armentières. Ils partirent à pied, par la route de Fleurbaix vers Béthune, les autres routes n'offrant plus de sécurité. La mesure était sage et urgente, car le lendemain samedi les Allemands faisaient leur apparition dans Armentières. Ce furent d'abord des patrouilles de uhlans, précédés d'un civil qu'ils avaient pris à La Chapelle et mis à leur tête pour les guider en ville. Peu après, arrivaient des régiments d'infanterie et d'artillerie au milieu d'un bruit infernal de canons, de caissons, de camions, que dominait un chant lugubre et lourdement scandé par les soldats : *Chantons aujourd'hui, car demain sera le tombeau...*

Des officiers se rendirent, furieux, à la mairie, et exigèrent une rançon de 10 000 francs et la désignation immédiate de onze otages, sous prétexte qu'on avait sonné le glas à l'entrée des Allemands. De fait le glas des morts tintait à l'église Notre-Dame, mais c'était pour annoncer l'enterrement de soldats décédés des suites de leurs blessures à l'ambulance d'Armentières, parmi lesquels se trouvait précisément un soldat allemand... En punition de ce crime, M. Huot, curé de Notre-Dame, fut pris avec les otages. Ceux-ci, il est vrai, furent relâchés le soir, après le départ des Allemands qui ne laissèrent que quelques postes pour garder la ville.

Ils ne devaient pas tarder à revenir. Après l'échec sanglant qui leur fut infligé par nos troupes et nos alliés à Merville, Vieux-Berquin, la Gorgue (11-12-13 octobre), — Voir le chapitre : *Dans la vallée de la Lys* — les Allemands se replièrent précipitamment à Armentières dans la nuit du 13 au 14. Le mercredi 14 et le jeudi 15, ils occupèrent la ville et y firent toutes sortes de travaux comme pour soutenir un siège. Les ponts d'Erquinghem, sur la ligne de chemin de fer de Lille à Dunkerque, d'Houplines, de l'Attargette, les passerelles des Prés et de l'Abattoir sautèrent. Seul, le pont de Nieppe résista à leurs mines. Ils creusèrent des tranchées tout le long du canal de dérivation et dans les prés Duhem, percèrent des meurtrières dans les murs de la filature Dufour et de l'école professionnelle, couvrirent de bâches et de fagots les wagons de la gare annexe, installèrent des batteries derrière ; bref, ils élevèrent de multiples défenses pour barrer la route de Bailleul et le front Nieppe-Le Bizet, par où ils avaient calculé que nos troupes viendraient les attaquer...

Il est presque superflu d'ajouter que l'occupation allemande à Armentières fut marquée par les faits ignobles ou scandaleux sans lesquels il n'y a pas d'occupation allemande. Piller les maisons, défoncer les magasins, ripailler, salir, souiller, saccager, ce sont là plaisirs délicats et ordinaires des Boches. On devine s'ils trouvèrent dans les filatures et fabriques de toiles dont Armentières est le centre, quantité de produits fort prisés des adeptes de la kultur... Dans les écuries, ils étendaient leurs pièces de toiles pour leurs chevaux. Les dentelles et la lingerie fine servirent à des usages très germaniques. Chez un habitant, M. Lambert, ils sortirent les plus beaux meubles dans le jardin, allumèrent un feu de joie, et après avoir sablé le champagne, dansèrent une farandole endiablée au son d'un phonographe. Ils ne s'arrêtèrent que pour tomber ivres-morts... On remarqua que bon nombre d'officiers portaient des bracelets de femmes à chaque bras. Orgueil de pillards ou moyens de séduction... berlinoise? On ne sait. Les soldats avaient aussi des bijoux et des montres dans leurs bottes.

Les Allemands eurent à Armentières une cruelle déception et une terrible surprise. Alors qu'ils avaient tout préparé pour recevoir l'attaque des troupes alliées par la route de Bailleul, celles-ci vinrent les prendre à revers par Bac-Saint-Maur et Erquinghem. Menacés d'être acculés à la Lys et pris entre deux feux, les Allemands abandonnèrent en toute hâte leurs positions dans la nuit du 16 au 17. Le samedi 17, dès l'aube, les Anglais entraient à leur tour dans Armentières et s'élançaient à la poursuite de l'ennemi qui avait fui dans la direction d'Houplines et de Frelinghien. Ce fut une chasse sans répit. Tout le quartier, depuis l'Abattoir jusqu'à Houplines, fut fouillé maison par maison. Une quantité de fuyards allemands furent tués ou faits prisonniers.

La bataille se poursuivit avec acharnement les jours suivants. Les Allemands avaient rejoint leur ligne Messine-Ypres ; de là, ils reformèrent leur front de Deulemont à Engles et Haubourdin par Frelinghien, Perenchies, Premesques, afin de couper aux troupes alliées la route de Lille. Depuis lors, il ne se passe plus de jour sans qu'ils essayent de bombarder Armentières et, à l'aide de renforts incessants, de reprendre cette position importante. Le mardi 20, ils tentèrent un effort désespéré. Leurs batteries commencèrent à faire pleuvoir les obus : ils visaient l'hôtel de ville. Des projectiles tombèrent sur la Grand'Place, et près des halles.

Une petite fille fut blessée au bras et une jeune fille eut la jambe fracassée. Heureusement, le bombardement ne dura pas. Les batteries des alliés répondirent énergiquement aux canons allemands et ne tardèrent pas à leur imposer silence. En même temps, par une brillante charge à la baïonnette, l'infanterie alliée enlevait les tranchées allemandes et forçait l'ennemi à reculer au delà de Perenchies. Le soir, les officiers montraient fièrement sur la carte, aux habitants d'Armentières, le « beau travail » accompli dans la journée et leur promettaient joyeusement : « Vous ne *les* reverrez plus... »

Jusqu'à ce jour on ne les a pas revus, mais on les entend. La canonnade est infernale. Les Boches reviennent sans cesse à l'assaut d'Armentières. Leurs masses s'avancent et tombent comme des murailles sous le feu de l'artillerie qui cogne nuit et jour. Ils ne passent pas... Le soir, les malheureux habitants, assourdis par cette musique de titans, descendent prudemment se coucher dans les caves et se demandent avec effroi s'ils ne reverront pas le lendemain leur ville en décombres.

*
* *

Le 19 janvier, j'ai obtenu de l'état-major commandant l'Indian Cavalery Corps, l'autorisation d'aller à Armentières. Mon confrère et ami, M. Lequien m'accompagnait.

C'était dimanche : les marmites tombaient sur La Chapelle-d'Armentières, important faubourg usinier dont beaucoup d'usines ont été endommagées. Tandis que nous approchons par la grand'route venant d'Estaires, après avoir dépassé Sailly dont la grande et belle église a été incendiée par les Vandales — il n'en reste absolument que les quatre murs — et Erquinghem, nous entendons mieux le sifflement et le fracas des projectiles, et nous entrons dans le concert. Par exception, il ne pleut pas. Mais la route est dans un état lamentable. Les lourds convois qui se succèdent ont transformé les bas-côtés en fondrières. Il ne subsiste que la chaussée, pavée comme une ancienne voie romaine, mais qui disparaît sous la boue. Nous croisons des détachements de soldats qui reviennent des tranchées et vont se reposer à l'arrière. Ils passent sublimes et superbes dans leurs uniformes tout maculés, la capote trempée jusqu'à la hauteur de la ceinture, le fusil sous le bras dans une gaine de toile... Quelle reconnaissance ne devons-nous pas à ces héros ! Et, au risque de briser les roues de la voiture qui s'enfonce, prête à se renverser dans les fondrières de côté, nous leur laissons libre le milieu du chemin, et nous les contemplons, avec une admiration émue, qui défilent l'air martial quand même.

Il est 5 heures quand nous arrivons à Armentières : « Hâtez-vous, nous recommandent les sentinelles de faction aux portes. A 6 heures, il est défendu de circuler hors de son quartier ; à 8 heures, défense absolue de sortir et d'avoir une lumière chez soi ! » Le quartier où nous descendons est celui qui a le plus souffert du bombardement ; le rond-point, la rue des Jésuites, les environs de l'Asile... Rue Gambetta il y a huit jours encore, des projectiles défonçaient une maison voisine de l'estaminet Vandromme et tuaient non loin de là, une femme et un enfant.

A 8 heures, comme nous en avaient averti les factionnaires, Armentières était plongé dans l'obscurité complète. A 2 kilomètres devant nous, c'était le faubourg de la Chapelle que, dans cette journée, les Boches avaient copieusement arrosé. A la canonnade qui se poursuivait intermittente, répondait, au loin, de deux côtés, le canon d'Ypres et de La Bassée. Les grosses pièces chantaient leur hymne à la nuit et à la mort. Armentières toute voilée de deuil, semblait dormir à nos pieds. Des patrouilles passaient, des cavaliers... Les sabots des chevaux heurtaient les pavés. La nuit, le silence, l'écho élargissaient ces seuls bruits. Des chiens réveillés aboyaient au canon. Quand celui-ci s'apaisait, des claquements plus secs, plus précipités, remplaçaient son mugissement formidable. Le toc-toc sinistre des mitrailleuses, les salves d'infanterie crépitaient. Dans l'obscurité, les rayons des projecteurs jetèrent soudain leur lumière. Les uns tournaient comme des phares, et à intervalles réguliers, leurs grands rais blanchâtres dessinaient à l'horizon une large bande d'argent. D'autres se précipitaient sur un point donné comme les flammes d'un incendie rapide. Ailleurs des fusées partaient, puis retombaient, brisées dans leur élan. Longtemps nous avons contemplé ce spectacle et assisté à ce duel tragique d'ennemis qui, chaque soir, attendent les ténèbres pour envelopper la violence de leur étreinte...

Les réveils dans une ville bombardée n'ont point l'allégresse des matins ordinaires. Il y a de l'étonnement et de l'angoisse dans ce retour à la vie. On est surpris d'avoir passé une nuit sans alerte. On se demande ce que réserve la journée. La plupart des habitants restés dans Armentières — ils ne sont pas nombreux — couchent d'ailleurs dans leurs caves. La prudence l'exige. En nous promenant à travers la ville, nous remarquons les sacs de terre qui masquent les soupiraux, au ras du sol... Dans les rues, de petits groupes d'ouvriers, de jeunes filles, se rendent aux rares usines qui fonctionnent encore. Un grand nombre de magasins et boutiques sont fermés. Sur quelques devantures on peut lire : « Cette maison a été évacuée par les habitants ». Précaution bien superflue !...

Des réparations urgentes ont été faites aux bâtiments qui ont le plus souffert du premier bombardement général de fin octobre. Malgré cela, nombreuses encore sont les maisons qui présentent leurs toits béants, leurs murs écroulés ou éventrés. L'usine à gaz est hors de service. Le château d'eau est très endommagé. Les fenêtres de l'hôtel de ville n'ont plus de vitres. Grand'Place, rue Bayard, des habitations particulières sont complètement incendiées. Les murs du parc de l'Asile sont ajourés. Mais, comment noter, enregistrer toutes les ruines?... La mitraille est tombée sur la ville en large pluie, plus meurtrière en certains endroits, mais qui a laissé des traces un peu partout.

Toutefois Armentières est loin d'être un cimetière désolé et inhabitable comme Arras. Ce qui reste de population est bien ravitaillé. Les trains arrivent jusqu'au pont de Nieppe. Ils pourraient venir jusqu'en gare d'Armentières. Mais c'est un point de repère que les Boches visent souvent. Ils l'atteignent rarement du reste. Les obus tombent un peu plus loin, sur les premières maisons de l'infortuné faubourg de La Chapelle. Quant à un mouvement de retour offensif contre la ville même, les Allemands sont impuissants à l'exécuter. Nos alliés les maintiennent solidement. Les lignes anglaises sont intangibles. L'ennemi d'ailleurs semble avoir renoncé à les entamer. Il s'est retranché dans les vieux forts abandonnés qui entouraient Lille, et reste sur la défensive. Nous saurons bien l'en déloger un jour...

Quand nous avons quitté Armentières, ce n'était plus les obus, mais la neige qui tombait à flocons épais. Un immense tapis blanc recouvrait la campagne. Précédant notre voiture, des cavaliers anglais, en longue file, rejoignaient leur cantonnement. Sous les casquettes raides et larges comme des shakos, la tête émergeant des hauts cols relevés, des épais manteaux tout ouatés de neige, ils faisaient songer à un tableau de retraite de Russie. Seulement en sens inverse, comme pour détruire toute comparaison et donner son vrai sens à cette superbe vision, arrivèrent bientôt des fantassins, tout frais rasés, équipés, résolus et dispos, qui se rendaient dans les tranchées, prendre la grande garde contre les Barbares. Ils scandaient, d'une voix grave, ces chants anglais, doux et rythmés comme des psaumes. Et, de nouveau, nous nous arrêtions pour admirer et saluer nos alliés et nos défenseurs.

X

LE CLAIRON NOIR

14 novembre.

Un petit parloir de couvent transformé en ambulance (1). Quelques lits seulement, quatre de chaque côté, mais pour les blessés qui reposent ici c'est plus intime, cela ne sent pas les grandes salles d'hôpital aux relents de pharmacie... Goundia est du nombre de ces privilégiés. Goundia, c'est un clairon des tirailleurs sénégalais, un nègre du plus beau noir, charpenté en hercule, mais la physionomie bonne et gaie. Il a été blessé en Belgique ; ramené dans cette maison de calme et de repos où les religieuses gâtent leurs soldats comme

(1) A Boulogne, rue Saint-Martin, chez les religieuses du Bon-Secours.

des enfants. Goundia y a retrouvé son sergent, blessé au même combat que lui — son sergent qu'il aime, qu'il sert et qu'il suit comme un bon chien. Alors, il a fallu les mettre dans des lits côte à côte, sans cela Goundia eût préféré coucher sur le plancher, au pied du lit de son sergent...

Il reposait sur la couchette blanche et bien bordée. De la chemise rouge écarlate, sa tête émergeait comme une boule noire coiffée d'un bonnet du même ton cardinal que la chemise. Il faisait mine de dormir, car c'était l'heure de la potion, et Goundia n'aime pas la potion. Ça et la teinture d'iode, la *peinture d'idiot*, comme il dit, « y a pas bon » pour Goundia. Il faut que son sergent dise un mot pour qu'il avale le petit verre de salicylate, mais quelle grimace !... L'ami qui nous a introduit lui offre bonbons et cigarettes, et un large sourire découvre un superbe clavier d'ivoire et éclaire ses grands yeux aussi brillants de bonté malicieuse qu'ils doivent être terribles de fureur dans la charge contre les Boches. Goundia prend, pousse un petit cri d'enfant joyeux, mais avant de goûter au cadeau, il défait minutieusement les petits paquets, les divise en parts égales, et puis :

— Tiens, sergent, bonbons, cigarettes...

Il ne fumerait pas une cigarette, ne toucherait pas à un bonbon avant d'avoir donné la moitié de tout ce qu'il a à son sergent. Et le sergent, levé, qui tend au clair feu de bois une main amaigrie par la souffrance, pour remercier son fidèle Goundia nous fait l'éloge des soldats noirs, ce régiment d'élite que forment les tirailleurs sénégalais :

— Ils sont tous comme lui, de grands enfants au cœur naïf et bon, et des lions dans la bataille. C'est un plaisir de commander des soldats comme eux. On passe partout. Rien ne leur résiste. Ce n'est pas du cœur, c'est du feu qu'ils ont dans le ventre... J'ai fait, nous dit le sergent, Parisien intelligent qui sait raconter de même qu'il a su voir, j'ai « fait » toutes les batailles depuis Charleroi jusqu'à Dixmude, j'appartiens à la coloniale et n'ai été affecté aux tirailleurs sénégalais que depuis la guerre. Mais j'aurais un réel chagrin si je devais quitter maintenant mes noirs, et commander d'autres soldats. La fidélité des Sénégalais pour leurs chefs français n'a pas de bornes, mais, bien entendu, il y a réciproque. Quand nous avons quitté le Maroc, leurs femmes pleuraient et criaient ; eux riaient et chantaient à l'idée d'aller se battre pour « li Français ». Après que nous eûmes débarqué à Marseille et pris le train pour le front, ils eurent toutefois un moment d'amusante frayeur : c'est quand nous avons passé le long tunnel de X... De rouler ainsi sous terre, cela les épouvantait. Ils croyaient que nous les menions en enfer. Quand nous sortîmes du tunnel et revînmes au grand jour, ils ne se tenaient plus de joie. Quelques-uns me sautaient au cou, en criant et en riant: « Français fous !... Français aller sous terre... Français peur de rien ! »

A Charleroi, les noirs ont fait merveille. Au début de la bataille, l'intensité de la canonnade les déconcerte quelque peu. Ils n'y étaient pas encore faits. Maintenant, ils se rient des obus...

Cette charge à la baïonnette dans les rues

de Charleroi, il faut avoir assisté à des exploits de ce genre pour mesurer la valeur de nos Sénégalais. Ils pourchassaient les Boches jusque dans les maisons, descendaient dans les caves, n'abandonnaient la place que lorsqu'elle était complètement nettoyée...

Plus tard, dans la Marne, quand nous avons repris l'offensive, nos braves négros, qui n'avaient pas compris les raisons stratégiques de la retraite, car eux ne connaissent qu'une chose : aller de l'avant et foncer sur l'adversaire, prirent superbement leur revanche. L'ennemi ayant commencé à se replier, ils s'élancèrent à sa poursuite avec une fougue qui ne connaissait plus ni fatigues ni blessures... Dans un petit village au-dessus de Montmirail, où nous avions rejoint les arrière-gardes allemandes, les noirs ont chargé après une marche de quarante kilomètres, comme s'ils venaient de se reposer. Les Allemands s'enfuyaient épouvantés. J'ai vu un de nos Sénégalais qui avait reçu en pleine tête une balle qui l'avait en quelque sorte trépanisé. Le pauvre diable avait la boîte crânienne qui se soulevait et il continuait de charger : il est tombé aveuglé de sang et perdant son crâne...

Et le sergent interpella Goundia :

— Te rappelles-tu ton camarade X...?

— Oh ! brave... brave... Mais mal, bien malade.

— Il veut dire, reprit le sergent, que son camarade était bien malade, c'est-à-dire bien blessé. Cependant ils sont durs et ne se plaignent jamais entre eux. Ils se jouent de la mort, comme d'une futilité. D'ailleurs, ils ne croient pas à la mort... Ils ont la conviction que leur gri-gri les protège et les fera revivre, ceux du moins qui sont fétichistes. Il y a aussi des chrétiens. Ils sont intelligents, ouverts, s'initient très rapidement à l'éducation que leur donnent les missionnaires, les sœurs. Certains deviennent officiers, médecins, ingénieurs. C'est une race neuve et pleine de ressources. Mais surtout ils sont soldats, ils naissent soldats... Ils ont toutes les qualités militaires : disciplinés, soigneux, fidèles, braves enfin jusqu'à l'héroïsme. Il faut voir avec quel soin minutieux ils entretiennent leurs armes et leurs uniformes.

Le sergent nous montre alors, pliés par Goundia comme par la plus méticuleuse des ménagères, la veste d'un bleu chaud à l'œil et la culotte cycliste de même couleur, qui constituent avec la chéchia et les bandes molletières l'uniforme des tirailleurs sénégalais. Ceux-ci s'habituent difficilement aux « godillots » qu'on leur a donnés pour l'hiver, et malgré le froid, ils préfèrent les lattes de cuir qu'ils attachent avec un cordon passé dans les doigts de pied.

Tout le temps que nous causons avec le sergent, Goundia ne nous quitte pas des yeux. Il ne comprend pas tout, mais il boit littéralement et il devine notre conversation. Ses bons yeux sourient et jettent sur sa physionomie noire aux traits rudes et saillants une expression d'intelligente douleur... C'est maintenant l'heure du déjeuner ; la sœur lui apporte une tasse de café au lait bien chaud et velouté.

— Oh ! ma zoura, toi bonne, toi zolie...

Goundia boit, après s'être bien assuré que son sergent en a autant, mais, soudain, il nous regarde et nous tend sa tasse :

— Toi boire... Tiens !

Bon et brave Goundia ! son premier mouvement est toujours de partager. On le comble de friandises. Il donne tout aux autres blessés. La sœur revient. Goundia la regarde, et, battant des mains :

— Bonne zoura, quand moi guéri, moi danser tam-tam pour toi...

Et se tournant vers nous :

— Et moi aller remercier toi; Paris.

Mais le sergent lui dit qu'il va falloir retourner au feu, qu'il y a encore des Boches à combattre et à chasser. Goundia se dresse sur sa couchette :

— Oh !... canon... boum, boum... Y a bon...

Puis un éclair passe dans ses yeux. Il saisit son clairon accroché au-dessus du lit, et, avec un entrain, une ardeur, un souffle qui électrisent la petite salle, Goundia, superbe dans sa chemise rouge et sous son bonnet phrygien, sonne la charge à pleins poumons...

XI

A TRAVERS LES RUINES DE PICARDIE

Du front de Picardie, 19 novembre 1914.

L'effort acharné des Allemands semble se ralentir sur le front du nord et de Belgique. La canonnade reste formidable. C'est le bruit que font d'ordinaire les gens qui ont peur et qui, n'osant avancer, hurlent de loin... Tout nous porte à croire que l'ennemi, comprenant que la route de Dunkerque et de Calais lui est à jamais fermée, renonce à entamer nos lignes sur ce point et va faire une tentative, aussi vaine d'ailleurs, d'un autre côté.

Nous avons cru le moment opportun pour abandonner notre poste d'attente et d'observation dans le nord, et risquer une pointe curieuse sur le front entre Arras et l'Oise, et un pèlerinage à travers les ruines de Santerre et de Picardie.

Nous avons retrouvé Amiens calme et rassuré. Il n'y a plus cette fièvre ni cette agitation qu'on remarquait dans les rues il y a un mois. Plus de ces défilés de troupes, d'autos et de convois qui encombraient le boulevard Beauvillé et les directions d'Albert et de Roye, tandis qu'au loin les Rimailhos faisaient entendre un bruit terrible semblable à celui de crémaillères qui broyeraient leurs chaînes... Autour d'Amiens, le génie a rétabli les ponts qu'avaient fait sauter les Allemands. Les trains circulent, lentement, mais régulièrement, et même depuis huit jours l'un d'eux, sur la ligne de Chaulnes-Tergnier, qui traverse le Santerre et toute la région où ont eu lieu les combats les plus violents, fait la navette entre Amiens et Guillaucourt. Nous l'empruntons pour nous rendre à Rosières, à quelques kilomètres de cette dernière station.

Rosières-en-Santerre était, avant la guerre, une de ces petites villes picardes actives et accueillantes, où vivait une population laborieuse, qui tirait ses ressources du commerce de la rouennerie et de nombreuses sucreries et briqueteries. C'était le fief d'un de nos hommes politiques les plus connus pour ses attaches avec la presse et la finance... Et la politique allait bon train à Rosières comme dans toute la Picardie où, le dimanche, dans les « estaminets » enfumés, les gens discutaient avec ardeur entre deux « bistouilles », et venaient volontiers entendre les orateurs parisiens qui battaient le pays. Mais où sont les bistouilles d'antan?...

A quelques kilomètres des lignes de feu, Rosières dort comme une pauvre blessée abandonnée par les siens. Sur la Grand'Place, nombre de maisons font voir les plaies béantes qu'ont creusées les obus. Les batteries allemandes étaient installées près d'Hallu. Longtemps, avant d'atteindre Rosières, elles tirèrent au-dessus de la ville. Les marmites tombaient près de la briqueterie de M. Billiard, qui fut détruite, et entre la rue de Caix et celle qui porte le nom symbolique de Gare-les-Pois.

Le 31 octobre, Rosières ne put se garer des pois boches... Ce jour-là, vers 10 heures du matin, un taube survola la petite cité et laissa tomber une fusée qui fit un long panache de feu. Un quart d'heure après, le bombardement commençait. La rue de Vrély, la Grand'-Rue et l'église furent particulièrement endommagées. Le 4 et le 13 novembre, nouvelle volée d'obus dans ces mêmes endroits, les Allemands tirant toujours d'Hallu. L'église a le plus souffert. C'était un grand sanctuaire, tout neuf, construit par le doyen actuel, M. le chanoine Dourlent. Il n'y a plus une vitre ni un vitrail. Les fenêtres vous regardent tristement comme d'immenses yeux vides. Des obus ont percé le toit, la voûte et un mur du transept. Mais pourquoi s'arrêter devant cette église mutilée? Nous en verrons tant d'autres tout le long de notre route, que c'est presque un spectacle banal. Les Allemands, qui invoquent sans cesse leur vieux Dieu, lequel doit être Allah ou Teutatès, ont en haine les églises de France et ne perdent pas l'occasion d'en bombarder une.

Ne quittons pas Rosières, toutefois, avant

de conter la misérable querelle que les Allemands ont cherché au bâtisseur de son église, le chanoine Dourlent, et le calvaire qu'ils lui ont fait suivre. C'était lors de leur premier passage, en fin août. M. Dourlent était resté à son poste. La présence redoutée des Boches ayant eu pour effet d'arrêter la vie locale et jusqu'à l'horloge de l'église, qui joue un grand rôle dans ces pays du nord où les carillons sont si populaires, les habitants demandèrent à M. Dourlent de remettre l'horloge à l'heure. Le dévoué doyen monta au clocher et, avec l'aide de deux garçons boulangers du voisinage, remit en mouvement la sonnerie. Ding ! Ding ! Ding ! Les heures tintèrent joyeusement comme par le passé. Mais c'en était trop pour les Boches, dont les arrière-gardes n'avaient pas encore quitté Rosières.

Un sous-officier et quatre soldats pénétrèrent dans le clocher : « Vous descendre immédiatement », crièrent-ils au curé et à ses deux aides. Et tandis qu'on les interrogeait, ou plutôt qu'on les accusait, sans souffrir de réplique, d'avoir fait des signaux à l'armée française par le moyen de l'horloge, des soldats grimpaient dans le clocher et, à coups de crosse, démolissaient stupidement la cage de verre, la sonnerie et le cadran tout neufs. C'était le soir. Les habitants, stupéfaits, virent passer le pauvre curé et les deux jeunes gens, encadrés par les soudards prussiens. On les emmena d'abord à Caix, où on leur fit passer la nuit sur une caisse en guise de lit, dans une cour d'épicerie transformée en corps de garde. Les gardiens insultaient leurs trois prisonniers et faisaient le geste de les coucher en joue. Le lendemain, de grand matin, — on n'eut pas la peine de les réveiller, — on les attacha ensemble par les mains avec une longe de cheval et, de village en village, après leur avoir fait faire, ainsi ligotés, une quarantaine de kilomètres, on les mena jusqu'à Faverolles. Un conseil de guerre fut tenu en plein champ, sous un pommier ; le chanoine Dourlent fut condamné à être fusillé et les deux jeunes gens à un an de forteresse. On les délia. Un soldat planta un fusil en terre, en guise de poteau, et y adossa le curé. Les deux jeunes gens pleuraient en voyant leur ami qu'on se disposait à exécuter. Le prêtre fit alors entendre une protestation qu'il termina fièrement par le cri de : « Vive la France !... » Un remords s'empara-t-il à ce moment des officiers allemands? Toujours est-il qu'ils se concertèrent et, peu après, l'un d'eux venait enjoindre à M. Dourlent et aux jeunes gens de partir immédiatement. Ils étaient sauvés et libres.

Cette menace et ce semblant d'exécution sont une grossière parodie de la mort, une plaisanterie macabre qui dénotent bien la goujaterie allemande. Cette race n'a le respect de rien, de la mort moins que de toute autre chose.

Quand nous quittons Rosières pour remonter vers le nord, dans la direction de Bray, notre guide nous indique les villages que nous laissons à droite : Méharicourt, Lihons, Chaulnes, et nous donne ce détail qui achève de peindre le goujat allemand : « A Chaulnes, nous dit-il, les Allemands se sont retranchés dans le cimetière ; ils ont ouvert les tombes et les caveaux, les ont reliés par de nouvelles tranchées et ils ont arraché les cercueils, qu'ils ont entassés devant leurs trous pour se faire des barricades... »

Seulement, ce sont leurs cadavres, fauchés par nos 75 et par nos lebels, qui rempliront les tombes qu'ils ont profanées !

***

Nous quittons Rosières et après avoir traversé la gare, déserte mais intacte, nous suivons une direction à peu près parallèle à celle du chemin de fer à voie étroite — le « tortillard », comme disent les gens du pays — de Rosières à Doullens par Bray et Albert. Impossible d'aller à Lihons, ce petit village glorieusement mutilé et ensanglanté dont le nom symbolique (li Hons ou les Huns) rappelle le passage des hordes d'Attila dans la plaine du Santerre. Il n'en reste pour ainsi dire plus rien. L'église s'est écroulée sous les obus. Les maisons sont presque toutes rasées à un mètre du sol. Il y a une douzaine de jours, les chasseurs alpins, dont on ne dira jamais assez l'héroïque vaillance ainsi que celle de ces autres troupes d'élite : chasseurs à pied, coloniale, troupes algériennes et marocaines, ont remporté un brillant avantage, au milieu des ruines mêmes de Lihons.

C'était quelques jours après la bataille du Quesnoy-en-Santerre d'où nous avions refoulé les Allemands en leur infligeant des pertes sanglantes. Lihons se trouve à une douzaine de kilomètres au-dessus du Quesnoy. Les Boches essayèrent d'y prendre leur revanche. Après une violente canonnade à laquelle nous ne répondîmes à dessein que très faiblement, ils s'avancèrent de Chaulnes, d'abord vers la gare de cette localité dont ils occupent seulement le bourg, puis ne rencontrant pas de résistance, prirent tranquillement la route de Lihons. Nos alpins, dissimulés dans les ruines du village, les attendaient de pied ferme. Les Allemands étaient si confiants; ils croyaient avoir si bien réduit notre artillerie au silence, qu'ils marchaient en colonnes. Leur masse atteignit Lihons, qu'elle se disposait à traverser pour gagner Rosières. A ce moment, les alpins firent pleuvoir sur l'ennemi une grêle de balles ; puis, malgré leur nombre inférieur, ils sortirent intrépidement de leur cachette, assaillirent les Boches à la baïonnette et semèrent la panique dans leurs rangs. Ceux-ci reculèrent en désordre, mais sur la route de Chaulnes des mitrailleuses vinrent leur couper la retraite. Ce fut une hécatombe épouvantable. La place et les anciennes rues de Lihons disparaissaient sous les cadavres allemands, dont le nombre s'élevait à plusieurs centaines...

Allons coucher ce soir à Framerville, nous dit notre guide. C'est demain dimanche. Je vous mènerai à C... Nous serons tout près des lignes. Framerville est un gros village au milieu de la plaine du Santerre. C'est là et un peu plus loin à gauche, à Proyart, que se sont déroulées, les 27 et 28 août, les sanglantes batailles qui arrêtèrent durant plusieurs jours la ruée des Allemands sur Paris. Le brouillard nous empêche d'apercevoir les villages environnants. Il règne un calme absolu. La canonnade, qui fait trêve depuis plusieurs jours, ne nous berce plus de ses roulements sinistres. Quand nous atteignons les premières maisons de Framerville, nous nous trouvons derrière une voiture de paysans qui reviennent d'Amiens. Ils rapportent des vivres pour ravitailler la population civile. Bientôt, nous nous heurtons au barrage des sentinelles. « Qui vive? » lance le soldat de faction. Alors, une scène amusante se passe. De la voiture qui est devant nous, une voix de femme s'élève, une voix perçante et effrayée qui s'écrie en patois picard : « Quoi qu'y *feu* dire? Quoi qu'y *feu* dire? » Les pauvres gens ignoraient ou avaient oublié le mot de passe... L'incident se termina par une « bistouille » collective et bien chaude, bue à la santé de ceux qui se battent pour la France.

***

Le lendemain matin, de bonne heure, nous étions à C... Là, il ne faut plus préciser. L'ennemi n'est pas loin. Nos tranchées sont à moins de 500 mètres des leurs. C... ne doit qu'à sa position au fond d'une cuvette de ne pas avoir été détruit par les obus ; ils passent au-dessus et vont tomber plus loin, dans les champs de betteraves. Les soldats et les quelques habitants restés dans le village sont habitués à ce feu d'artifice de bombes, dont ils ont presque chaque jour le spectacle. « Ainsi, nous dit l'un d'eux, depuis une huitaine, cela nous manque. *Ils* doivent être crevés dans leurs trous, comme des bêtes puantes, pour ne plus donner signe de vie... »

Nous allons à travers les groupes de soldats et d'officiers. Tous sont avides de nouvelles, de journaux. Aussi vous devinez si les journalistes sont bien accueillis par nos troupiers. Ils nous pressent de questions, dévalisent nos poches remplies de journaux et de cigarettes. Ils sont admirables d'entrain, de gaieté, de confiance. L'hiver qui approche? C'est leur moindre souci. « Nous irons *leur* frotter les côtes pour nous réchauffer », vous disent-ils en riant.

Où vont tous ces groupes qui devisent, rient et fument force « bouffardes » et cigarettes?... A la messe. Mais oui, et rien n'est plus impressionnant qu'une messe sur le front. A C... il y a un curé boute-en-train, l'abbé Lemaire, un vrai curé militaire, qui s'y entend comme pas un à organiser une cérémonie de ce genre. Nous y sommes allés. L'église est archi-comble. C'est un sergent qui célèbre l'office. Il n'a du prêtre que la chasuble. Le reste, sa barbe hirsute, son pantalon rouge déchiqueté au-dessus des gros « godillots », le mouchoir douteux qui lui sert de cravate, c'est très militaire. Dans la tribune, un soldat tient l'orgue. Il paraît que c'est un des meilleurs artistes lyonnais... Près de lui, une véritable *schola cantorum* avec ténors, barytons, toutes les voix. Il ne manque qu'au loin le son du canon. Mais pour une fois celui-ci se tait. La messe se déroule, pieuse et fervente, entrecoupée par d'admirables chants entonnés par ces voix mâles et résolues de soldats et de croyants. Le *credo* emplit les voûtes de la petite église avec une puissance d'indicible émotion. Les strophes latines se déroulent graves et majestueuses. Et puis ce sont des cantiques populaires, scandés comme des marches et enlevés comme une charge à la baïonnette. L'abbé Lemaire sut faire vibrer ce magnifique auditoire. Son allocution avait la piété brève mais forte du soldat. Pas de verbiage. Pas d'onction. De petites phrases claires, d'une foi robuste et agissante. Rien qu'à l'entendre, les plus mécréants se seraient convertis.

... A la sortie, nous étions seulement quelques civils, noyés dans un flot de capotes et d'uniformes. Le brave curé allait tout rayonnant parmi les soldats devenus ses paroissiens. Nous lui serrons la main avec effusion. Et lui tout joyeux : « C'est comme cela tous les dimanches aux trois messes. Les Boches ont fait fuir la plupart de mes fidèles. Mais d'autres sont revenus, trois fois plus nombreux, pour remplacer ceux qui sont partis... »

Un officier nous rejoint. Il nous propose d'aller voir, en guise d'apéritif, l'installation très ingénieuse de bains-douches, montée par les hommes de sa compagnie... Nous arrivons tout au bas du village, près d'une baraque en planches surmontée d'une pancarte avec ces mots : « *C... État, Bains-douches gratuits.* » Trois petites cabines sont aménagées avec des baquets en guise de baignoires, reliés par des tuyaux. A la porte, une locomobile de machine à battre est sous pression ; c'est elle qui envoie de la vapeur par les tuyaux et qui chauffe les baquets où viennent se tremper avec bonheur les soldats retour des tranchées. C'est simple et pratique. « Et je vous assure, nous dit l'officier, qu'il n'y a pas eu besoin de longues discussions ni de vote du conseil municipal pour décider la création de ces bains-douches. En moins d'une matinée, quelques « débrouillards » ont agencé tout cela... »

Et tandis que, pour de bon cette fois, nous prenons l'apéritif dans la salle enfumée d'un estaminet, l'officier nous fait l'éloge du pioupiou français : « C'est extraordinaire comme il est ingénieux et plein d'initiative. Il sait, en un tour de main, tirer le meilleur parti des situations les plus difficiles. Là où les autres ont besoin d'une lente préparation, d'une organisation savante et « Kolossale », lui improvise avec rien et trouve toujours le moyen de rouler son adversaire plus favorisé... »

... Sur la route d'Albert. Derrière nous fuit peu à peu la plaine du Santerre. A droite, ce sont les lignes de feu. Le guide nous cite les villages qui s'échelonnent presque en ligne verticale d'Arras à Roye, et où commencent les premières tranchées allemandes. Remontons de bas en haut : après Chaulnes qu'occupent encore les Allemands, c'est Estrées-Deniécourt, Fay, Dompierre, sauf la sucrerie de Dompierre qu'ils ont seulement bombardée ; puis Becquincourt, Herbécourt, la ferme de la Grenouillère au village de Frise, Curlu, Mametz, Contalmaison... Au loin, en arrière, Combles et Péronne.

Qu'est devenue Péronne? Impossible de le savoir. L'héroïque petite ville gît de nouveau sous la botte prussienne. Elle est complètement isolée du reste de la France et du monde, comme toutes les cités qu'occupent les Barbares. Le courageux archiprêtre, M. Caron, et les administrateurs improvisés qui avaient remplacé le conseil municipal éclipsé sont restés à leur poste. On devine sans peine leurs souffrances morales et celles des habitants demeurés dans Péronne. Mais nul n'a pu avoir de leurs nouvelles...

Devant nous, c'est la campagne déserte, que ne trouble aucun bruit. Le canon est toujours silencieux. Que signifient ce calme et ce silence? Sont-ils précurseurs d'une grande tempête, d'un de ces typhons terribles comme il en éclate au milieu de l'Océan, au soir d'une journée où les flots dormaient perfidement?... Ou bien, après leurs échecs sanglants de Lihons et du Quesnoy, les Allemands renoncent-ils à entamer notre front de Picardie?

Rien ne donne mieux l'impression du mystère qui plane au-dessus de cette guerre formidable que cette randonnée dans la solitude et dans le silence, le long des lignes où tout se tait. Nous faisons ainsi près de 10 kilomètres sans rencontrer âme qui vive. Un vent de mort et de désolation a soufflé sur la plaine et chassé toute trace et tout germe de vie. Il n'y a plus que des ruines, fermes incendiées ou détruites dont le toit s'écroule entre les murs éventrés et calcinés, et dont trois planches clouées en travers de la porte défendent le seuil. De loin en loin, quelque clocher troué, une église endommagée, un village désert. La guerre a passé par là...

Sommes-nous soudain transportés dans les pampas ou dans la « prairie » indienne? La route est toute bordée de huttes et de cabanes construites avec des planches de placards et de portes ; leurs toits, recouverts de paille, de terre ou de betteraves, ne dépassent pas les talus où finissent les champs. Ainsi dissimulées dans les fossés et en contre-bas de la route, ces habitations primitives sont absolument invisibles de loin. Il y en a comme cela sur une longueur de plusieurs kilomètres. On dirait un véritable village indien.

C'est l'entrée de tranchées habilement aménagées par nos soldats et qu'ils ont abandonnées depuis qu'ils ont progressé et conquis un peu de terrain sur l'ennemi. Tout le pays est miné de la sorte, tant par les nôtres que par les Allemands. Sous les villages bombardés s'étagent maintenant de petites villes souterraines avec de longs couloirs et de vastes salles creusées par les soldats pendant les interminables heures d'attente.

— « Quand la guerre sera finie, nous dit notre guide, on devrait enclore les terrains où se trouvent les tranchées les plus curieuses... Les visiteurs ne manqueraient pas et les communes qui ont été ravagées par la guerre auraient là une source de petits revenus qui les aideraient à relever leurs ruines. »

Après tout, l'idée n'est pas si bête.

Voici enfin le premier être vivant que nous rencontrons depuis près de deux heures que nous roulons. De loin, nous le distinguons mal. Est-ce un soldat, un enfant de troupe? Il vient à nous. C'est un petit bout d'homme perdu dans une longue capote de fantassin, un de ces gamins hardis et frondeurs tout livrés aux instincts de la race. Ses parents sont de pauvres réfugiés qui ont fui la bourgade où les faisait vivre la charité publique. Le gosse les a laissés pour suivre les soldats. Ce sont eux qui lui ont donné, pour se vêtir, cette capote qui tombe jusqu'à ses pieds nus, et dont les manches laissent à peine voir les doigts d'une petite main terreuse. « Et ta casquette? » — « J'attends qu'ils me fassent cadeau d'un casque de Boche, ils me l'ont promis », répond fièrement ce drôle de petit homme. Tous les jours, il va passer des heures dans les tranchées françaises et rend de menus services aux soldats ; il n'hésite pas à faire plusieurs kilomètres pour leur rapporter des villages voisins du tabac, s'il en trouve, ou quelques bibelots dont les troupiers ont toujours besoin. Il n'a pas douze ans et *il sert* de son mieux. « Et tu n'as pas peur des balles? lui demandons-nous. » — « Oh ! avec moi, les Boches seront toujours de la revue... », gouaille, tel le petit Grégoire de la chanson, le gosse qui, de sa frimousse éveillée, fait une grimace amusante comme pour narguer l'ennemi. Brave petit gars ! Nous lui lançons des sous et tout ce que nous pouvons avoir de chocolat et de friandises dans nos provisions, puis il disparaît à travers champs en sifflant comme un vrai petit pierrot de France.

Nous nous rapprochons d'Albert : encore une côte et puis, là-bas, nous dominerons la vallée de l'Ancre et nous apercevrons la basilique. Autour de nous la solitude est un peu moins grande. Nous croisons quelques personnes qui reviennent d'Albert. Ce sont des habitants qui ne se résignent pas à délaisser complètement leur ville. Ils vivent ou plutôt vivotent dans des fermes, aux environs, et vont tous les jours travailler, au milieu des ruines, à dégager ce qui subsiste de leur fortune, de leur petit bien ensevelis sous les décombres. Dans les champs, nous voyons aussi des cultivateurs, des ouvriers qui arrachent les betteraves et qui les entassent en sorte de meules. On sent que, à peine la guerre sera-t-elle terminée ou seulement éloignée, tout ce pays, qui cependant connaît aujourd'hui les horreurs d'un sinistre, retrouvera son activité, et que ces admirables populations du nord, par leur indomptable énergie, le feront ressusciter.

Albert nous apparaît enfin. Sur l'horizon, la petite ville forme une large tache noire d'où seule émerge la basilique Notre-Dame de Brebières, le célèbre sanctuaire de la Lourdes du nord (1). Mais son dôme et la grande vierge qui le surmonte n'ont plus cet éclat doré qui jadis brillait au loin. Tout est noir. La basilique est debout, mais les flammes de l'incendie qui a détruit la cité ont terni et endeuillé sa parure...

(1) Depuis lors, les Allemands se sont acharnés sur la magnifique basilique et l'ont à moitié détruite. Le dôme et la vierge dorés ont été emportés par les obus.

***

« Passez, mais ne séjournez pas dans Albert. Il y a toujours du danger, car les Allemands envoient de temps en temps des obus », nous disent les gendarmes après avoir vérifié nos papiers... Nous gagnons rapidement la Grande Place qui est le centre de la petite ville. Nous sautons à terre. Tout autour de nous, ce ne sont que des ruines. L'hôtel de ville, les magasins, les estaminets qui l'entourent, les maisons particulières sont décoiffés de leur toiture, et pour la plupart décapités jusqu'au premier étage. Les murs se dressent lamentables, déchiquetés, avec leurs fenêtres sans front, leurs portes arrachées, leurs gouttières tordues comme des fils de fer. Seule, la basilique est à peu près intacte. Elle paraît plus haute et plus majestueuse, au milieu de ces ruines effondrées. *Stabat mater dolorosa*. Son dôme et sa vierge sont bien tels que nous les apercevions de loin, tout noircis par la fumée. Notre-Dame de Brebières est en deuil de ses brebis écrasées à ses pieds....

Nous cherchons à pénétrer dans le sanctuaire, mais en vain. Toutes les portes sont fermées... — « Si vous étiez arrivé plus tôt, la sœur était là et vous seriez rentrés », nous crie de loin un brave homme perdu dans sa boutique démolie. C'est le premier visage que nous rencontrons dans Albert. Il nous semble, ce petit cordonnier qui cherche ses outils sous les décombres, une apparition vivante au milieu des ruines et de la mort. Nous causons. Lui nous montre les objets tordus ou calcinés qu'il vient de retirer, et puis sa pauvre boutique à moitié écroulée. — « Voilà. C'est tout », fait-il avec un accent de douleur et en esquissant un geste de détresse...

Nous apprenons par lui que la supérieure des religieuses qui tenaient autrefois l'abri Notre-Dame et qui se sont réfugiées aux environs, venait tous les jours faire une courte visite à la basilique, inspecter et remettre de l'ordre à l'intérieur où plusieurs obus sont tombés et ont fait quelques dégâts.

Un peu plus loin, au coin de la ruelle que traverse l'Ancre, nous franchissons le seuil d'une habitation entourée d'arbres aux branches coupées net par les obus. Dans la cour, nos pas s'arrêtent devant une tombe étroite surmontée d'une croix grossière faite avec deux planches de boîtes à biscuits. Est-ce le maître du logis qui a été tué au moment où il se disposait à fuir?... Nombreuses sans doute sont les tombes de ce genre dans la petite ville bombardée.

Nous remontons en voiture. Une impression de mort nous glace. On n'entend que le miaulement sinistre des chats qui errent à travers les ruines, en quête de nourriture. Le bruit de notre voiture, en roulant, trouble seul le silence émouvant de cette cité de la mort.

Nous suivons la rue qui mène à la gare. Elle est toute jonchée de pierres, de plâtras, et bordée de squelettes de maisons. Au bout, la gare nous apparaît comme une grande carcasse vide. Elle n'est cependant pas trop endommagée, car elle se trouvait hors du rayon du bombardement, les Allemands ayant visé la basilique et le centre d'Albert. Il n'y a plus un wagon, plus la moindre trace de tout ce qui fit autrefois l'activité et la vie de ce nœud important de voies ferrées. La guerre balaye tout là où elle passe.

Peu après, nous retrouvons la campagne tout enveloppée de ce grand calme silencieux des espaces dévastés. A notre droite, la ligne du chemin de fer d'Amiens à Arras marque à peu près la frontière provisoire entre la France libre et guerrière, et la France souillée par les Barbares. Ses hauts talus aux poteaux télégraphiques qui s'arc-boutent et se profilent dans le ciel comme des mâts de détresse, dominent la petite vallée où court le « tortillard ». Quand, reverrons-nous les longs rapides souples de la compagnie du Nord glisser sur ces lignes et ranimer ces paysages désolés?...

D'un chemin qui se perd dans les terres, débouchent soudain des bêtes affolées, troupeau sans maître et sans étable, qui fuient devant notre voiture comme elles ont dû fuir sous les larges et terribles claques du canon. Leurs sabots battent la route. Elles vont longtemps devant nous, et puis nous les voyons s'engouffrer dans une cour de ferme déserte. Là, un spectacle navrant et incroyable : au milieu de la cour, devant un puits, quelques-unes de ces bêtes, aiguillonnées par un instinct puissant, allongent leur museau brûlant et tendent leur langue desséchée par la soif. Quand notre voiture passe, revenant vers Amiens, nous pouvons lire sur les yeux bovins des pauvres animaux, d'ordinaire si placides et si résignés, une expression d'angoisse et d'épouvante qui ajoute à l'atmosphère sinistre de cette campagne...

Cependant, malgré ses ruines et malgré ses deuils, la Picardie reste sereine et confiante. Son sol est foulé, souillé par les Barbares. Ils ont anéanti maints villages et petites villes, parmi les plus riants et les plus riches. Les sillons de ses champs sont les tombes glorieuses de nos soldats, ou les fosses, plus profondes encore, des cadavres plus nombreux de l'ennemi. L'héroïque Picardie attend le jour où ses enfants, réunis et libérés, pourront, avec la victoire, fêter leur délivrance.

FIN

TABLE DES MATIÈRES

PREMIÈRE PARTIE

De Dinant à la Marne

DEUXIÈME PARTIE

Quelques étapes de la course à la mer

11275-15. — Corbeil. Imprimerie Crété.

www.ingramcontent.com/pod-product-compliance
Ingram Content Group UK Ltd.
Pitfield, Milton Keynes, MK11 3LW, UK
UKHW021056220726
13924UKWH00005B/2123